FE VIVA

FE VIVA

JIM CYMBALA

CON DEAN MERRILL

FE VIVA

Lo que sucede cuando
la fe verdadera
enciende las vidas del pueblo de Dios

Vida®

La misión de Editorial Vida es ser la compañía líder en comunicación cristiana que satisfaga las necesidades de las personas, con recursos cuyo contenido glorifique a Jesucristo y promueva principios bíblicos.

FE VIVA
Edición en español publicada por
Editorial Vida – 1999
Nashville, Tennessee

©**1999 por Jim Cymbala**

Originally published in the USA under the title:
Fresh Faith
©**1999 by Jim Cymbala**
Published by permission of Zondervan, Grand Rapids, Michigan 49530, U.S.A.

Traducción: *Erma Lovell Swindoll de Ducasa*
Diseño interior: *Word for the World, Inc.*
Diseño de cubierta: *Good Idea Productions, Inc.*

Categoría: Vida cristiana / Crecimiento espiritual

IMPRESO EN ESTADOS UNIDOS DE AMÉRICA PRINTED IN THE UNITED STATES OF AMERICA

18 19 20 21 22 ❖ 5 4 3 2 1

Contenido

Primera parte

FALTA ALGO

UNO
Propiedad robada

V IVO EN UNA CIUDAD en la que a menudo se roban cosas. A lo largo de la avenida Flatbush, donde está nuestra iglesia, los robos de autos ocurren a diario. También los atracos, robos de carteras y allanamientos en apartamentos.

Una vez, en un sermón de un domingo por la noche, cometí el error de pedir a los miembros de nuestra congregación que levantaran la mano si personalmente habían experimentado algún tipo de robo. Al levantarse noventa y ocho por ciento de las manos, la gente se echó a reír a carcajadas. ¡Qué pregunta tan tonta para formular a una multitud de neoyorquinos!

Mi esposa Carol y yo vivimos en el barrio de Queens, al este del aeropuerto de La Guardia y del estadio Shea, donde juegan los Mets. Hace unos años, salí una mañana hasta mi automóvil estacionado frente a la casa y noté el resultado del vandalismo. En cuanto abrí la puerta y me metí dentro, vi un enorme agujero en el centro del volante, donde antes estuvo la bolsa de aire.

A los adictos a la cocaína en piedra les encantan las bolsas de aire, o petos de seguridad, porque son un artículo de venta rápida. A los pocos minutos pueden entrar a un «desarmadero» (un garaje ilícito que comercia con piezas usadas de automóvil) y canjear el dispositivo por doscientos dólares en efectivo. Esto es solo una de las maneras que el crack ha devastado a Nueva York y otras ciudades importantes de Estados Unidos. Una cosa fue la heroína, otra fue aspirarla... pero el uso de crack produce destrucción masiva.

Me lamenté por la pérdida sufrida. Cuando llamé a mi agente de seguros, lo tomó con bastante calma. «Pues bien, esa es la realidad de esta gran ciudad de Nueva York», dijo. «Sucede cada dos por tres.» Completamos la papelería de la reclamación y pedimos el dispositivo a la concesionaria. No pregunté el efecto que tendría esto sobre mis tarifas al renovar el seguro; en verdad no lo quería saber.

Pasaron unos meses antes de que finalmente dedicara el tiempo para llevar el auto a que le pusieran el dispositivo de seguridad. En definitiva, el daño quedó reparado.

Y a que no se imagina lo que pasó... ¡tres semanas después me volvieron a robar! Del mismo sitio de estacionamiento frente a mi casa, forzaron la misma ventanilla; estoy casi seguro de que fue el mismo ladrón.

Esta vez ni me molesté en hacer la reclamación ante la compañía aseguradora. Sencillamente pagué de mi bolsillo los ochocientos dólares para el arreglo, en vez de arriesgarme a que mis tarifas se dispararan por las nubes.

Hasta encontré una manera de bromear con alguien sobre el asunto: «Sabes, quizá debiera de dejarle a este tipo un poco de café y pastel sobre el asiento delantero... junto con una nota que diga: "¡Oye, seamos amigos! Si te abasteciera de otras cosas para vender, al menos no haría falta que te metieras en mi auto a la fuerza tan a menudo."»

Algo más que mercadería

POR FORTUNA, LOS PETOS DE SEGURIDAD se pueden cambiar. Por mucho que le fastidie la pérdida y la molestia ocasionada, poco a poco uno sigue adelante con su vida. Un año después, ni siquiera recuerda lo sucedido.

Sin embargo, en el campo espiritual, un tipo de robo mucho más serio ocurre en numerosas vidas. Satanás se dio a la tarea de despojarnos de cosas más importantes que un dispositivo de seguridad. Esa es su naturaleza: Como dijo Jesús en

Juan 10:10: «El ladrón no viene más que a *robar*, matar y destruir.»

En el campo espiritual, un tipo de robo ocurre en numerosas vidas. Satanás se dio a la tarea de despojarnos.

Es evidente que Satanás no quiere piezas de automóvil. Tampoco quiere su casa; no vive en una casa. No necesita su vehículo porque tiene otros medios de transporte. No le interesa su ropa; es un ser espiritual. No le interesan sus inversiones; ¿qué valor tendría el dinero para él?

Sin embargo, le interesa mucho robar *tesoros espirituales*, cosas de valor para Dios que son de significado eterno. Pensemos, por ejemplo, en el propósito mismo de la vida. A Satanás le encanta arrebatar a hombres y mujeres de potencial, de mi ciudad y su ciudad, y convertirlos en personas de ojos vidriosos que deambulan por la vida, sin meta de un día para otro. Se acuestan en la cama por las noches y, mirando con fijeza el techo se preguntan: «¿Cuál es el objetivo? ¿Solo ganar dinero? ¿Solo tener hijos? ¿Para qué?»

Las personas recurren a las drogas y al alcohol porque no tienen noción alguna del porqué viven. Otros se dedican a los logros profesionales o a los placeres o al materialismo... algo, cualquier cosa que les llene el vacío. Aun así, no da resultado. Dios los creó para que lo adoraran y gozaran de él para siempre, pero se les ha arrebatado de la conciencia la comprensión de esta realidad.

Nótese la progresión en Juan 10:10. La primera acción de Satanás es solo el robo. En cuanto comprueba que tiene éxito en este campo, puede pasar a matar directamente y de allí a la destrucción masiva. «Robar... matar... destruir.» Sin embargo, todo empieza con el robo.

¿Qué le pasó al «primer amor»?

INCLUSO ENTRE LOS CRISTIANOS, el diablo tiene una estrategia de robo. Por ejemplo, como pastor he visto una y otra

vez la trágica pérdida del «*primer amor*» por Jesucristo.
Hubo un tiempo en nuestras vidas en el que amábamos a
Jesús mucho más que hoy. Nuestro apetito por la Palabra
de Dios era voraz. Nuestro amor por la casa de Dios era entusiasta. Nuestro entusiasmo por extender el evangelio era
intenso... ¿Cómo es ahora? Sí, todavía amamos al Señor.
Seguimos asistiendo a la iglesia. Sin embargo, ¿qué le sucedió a toda esa energía y a toda esa pasión?

Eso es lo que Jesús le dijo a la iglesia de Éfeso en Apocalipsis 2:2–5: «Conozco tus obras, tu duro trabajo y tu perseverancia ... Sin embargo, tengo en tu contra, que has aban-
donado tu primer amor. ¡Recuerda de dónde has caído!
Arrepiéntete y vuelve a practicar las obras que hacías al
principio. Si no te arrepientes, iré y quitaré de su lugar tu
candelabro.»

¿Adónde va el «primer amor»? Ni nuestro celo ni nuestra intensidad se evaporan; nos los roban. Satanás roba las
ardientes brasas de devoción y consagración. Nos estafa.

Alguien pudiera decir: «Pues bien, usted tiene que entender que cuando conocí a Cristo, era un adolescente muy
activo. Desde entonces sucedieron muchas cosas. Ya sabe,
todos somos más apacibles con el tiempo.» ¿En verdad alguien cree eso? La Biblia dice que el plan de Dios para nosotros es que seamos «transformados a su semejanza con
más y más gloria por la acción del Señor, que es el Espíritu»
(2 Corintios 3:18). El poder que él desea mostrar en nuestra vida no tiene fin. La Biblia no tiene un plan de jubilación. Dios puede mantener el fuego de su pueblo, puede
mantener su agudeza e intensidad.

La Biblia no tiene un plan de jubilación.
Dios puede mantener el fuego de su pueblo,
puede mantener su agudeza e intensidad.

Llamado que se apaga

¿Y QUÉ ME DICE DE ESE singular *llamado* que descansa en
la vida de cada cristiano, el don de servir a otros en el nom-

bre del Señor? Diez años atrás hubo un cambio en usted; Dios le dio un sueño acerca de lo que quería hacer en su vida. Quizá quería que enseñara a niños. Quizá quería que cantara. Quizá quería que fuera un guerrero en oración, poniéndose en la brecha por otras personas necesitadas. Quizá hasta sintió la atracción del campo misionero que nació en usted por obra del mismo Espíritu Santo.

Pero luego... se descorazonó. Alguien le falló. Algo se echó a perder en su iglesia. Un par de veces intentó hacer algo al respecto, pero alguien lo criticó. Pronto el sueño se disipó. El llamado ya no parecía tan verdadero. Y toda la inspiración que tenía desapareció.

A veces he encontrado pastores en esta condición... una cáscara hueca de lo que antes fueron. Toda la energía desapareció; ahora solo cumplen con el rito ministerial.

Uno tiende a imaginar que esto sucede principalmente como resultado de los muchos desalientos que afrontan los ministros y sus programas sobrecargados que conducen al agotamiento. En realidad, esa es solo una de las estrategias de Satanás para atacar a los pastores que trabajan entre el rebaño de Dios. Además de esa, tiene muchas más.

Hace unos cuantos años conocí a un hombre que de verdad parecía sincero en su trabajo incansable, dedicado a levantar una congregación de creyentes en una importante ciudad. Era evidente la bendición de Dios sobre su predicación. La iglesia comenzó a crecer.

Unos años más tarde, por casualidad visité una de sus reuniones. Era obvio que algo cambió. De alguna forma el pastor empezó a creer que *él* era especial. Los reflectores ahora le apuntaban más a él que a Jesucristo. Es lamentable, pero el mensajero se tornó más importante que el mensaje.

Después conversamos y me preguntó directamente lo que sentía sobre el rumbo de su iglesia. Lo animé lo mejor que pude, pero luego agregué: «Recuerde, mi amigo, que no debe darse demasiada importancia. Lo que importa es la obra del Espíritu de Dios en la vida de las personas a fin de acercarlas a Jesús. Nuestro llamado solo es para servirles.

Predicar la Palabra con fidelidad y luego pasar a un segundo plano para que Dios pueda recibir toda la gloria.»

No pareció quedar entusiasmado al escuchar mis comentarios.

Al parecer, su limitada fama se le subió pronto a la cabeza, y en poco tiempo una extravagancia pulida y afectada, que es muy destructiva para la causa de Cristo, vinieron a sustituir la sinceridad sencilla y la fe de niño que caracterizaron sus primeros esfuerzos para Dios. La predicación eficaz y el fruto espiritual del hombre desaparecieron con rapidez.

¿Dónde le parece que se fue todo eso? En algún momento le robaron algo muy precioso.

El diablo siempre intenta robarnos algo de lo que Dios nos dio. Cuando lo logra, las cosas espirituales parecen desaparecer y las materiales parecen ocupar nuestra atención las veinticuatro horas del día.

Allanamientos de hogar

CONSIDERE EL PROBLEMA de los matrimonios. Las encuestas más recientes realizadas por el investigador George Barna muestran que el índice de divorcio entre los que asisten a la iglesia es prácticamente igual al de la población en general. Si fuera ateo o agnóstico, diría: «Vaya, ¿cómo Jesús no puede lograr que ustedes dos sigan juntos? Pensé que decían que él era muy maravilloso...»

> *El índice de divorcio entre los que asisten*
> *a la iglesia es prácticamente igual al*
> *de la población en general.*
> *Si fuera ateo o agnóstico, diría:*
> *«Vaya, ¿cómo Jesús no puede lograr*
> *que ustedes dos sigan juntos?»*

¿Por qué rompen las parejas cristianas? ¿Será porque nunca debieran haberse casado? ¿O será que provienen de hogares disfuncionales en los que tuvieron malos ejemplos de conducta? Eso no es todo. *El ladrón viene a robar...*

A decir verdad, Satanás tiene la plena intención de destruir mi matrimonio con Carol, a pesar de que hemos servido lado a lado en el ministerio por más de veinticinco años. Estas son las realidades de la guerra espiritual. Solo el poder de Cristo puede mantenernos juntos según el plan de Dios y darnos la victoria sobre el poder destructivo de Satanás. Ningún ministro sincero del evangelio negará que el diablo realizó graves ataques a su matrimonio. Por lo general, no es un asunto del que se habla en público, pero se derraman muchas lágrimas y se elevan muchas oraciones a Dios al batallar los siervos sinceros del Señor contra las fuerzas demoníacas dedicadas a robarles sus matrimonios, su credibilidad y su eficacia.

¿Y qué sucede con *nuestros hijos* y *nietos*? Alguna vez los dedicamos a Dios sobre un altar. Nos pusimos de pie ante un ministro y dijimos con toda sinceridad: «Señor, este bebé te pertenece.» Sin embargo, algo sucedió en los años posteriores. Ahora el muchacho o la muchacha no vive para Dios; de nada sirve simular que lo hace.

No nos engañemos. No cerremos los ojos pretendiendo que todo es diferente. Para ver a Dios obrar como solo él lo puede hacer, debemos hacer un diagnóstico espiritual preciso de lo que ocurre a nuestro alrededor. La negación de la realidad no forma parte del verdadero vivir cristiano.

Sobre todo: ¿Adónde se fue la fe?

EN EL CENTRO DE TODAS esas pérdidas que mencioné se encuentra el robo silencioso del elemento más crucial en nuestro andar espiritual: nuestra *fe*. ¿Qué es la fe? Es una dependencia total de Dios que se vuelve sobrenatural en su obrar. Las personas de fe desarrollan un segundo tipo de visión. Ven más allá de las circunstancias; ven al Dios justo a su lado. ¿Lo pueden probar? No. Sin embargo, saben que está presente.

Sin fe, según Hebreos 11:6, es *imposible* agradar a Dios. Ninguna otra cosa tiene valor si falta la fe. No hay otro fundamento para la vida cristiana, por más esfuerzo propio o energía que se invierta. No hay otra cosa que impacte tanto el corazón del Padre como cuando sus hijos sencillamente confían en él de todo corazón.

¡Conozco personas que alguna vez oraban por cualquier cosa y por todo! Incluso, si perdían sus anteojos, oraban pidiendo encontrarlos y, de manera sorprendente, los anteojos aparecían. Ahora, esas mismas personas parecen creer que Dios no puede hacer casi nada.

Ah, les darán la acostumbrada confesión de fe: «Sí, tengo fe en el Dios que responde a la oración.» Sin embargo, ya no existe esa vehemente confianza y esperanza. Dejan de decir: «Vamos, enfrentémonos a este problema en el nombre del Señor.» Les robaron.

Al final de 1 Samuel hay una historia poco conocida que trata este asunto de manera vívida. Es uno de los puntos bajos en la montaña rusa de la vida de David. El joven vencedor del gigante Goliat ahora huye del rey Saúl. Tantas amenazas, tantas veces que se salvó por un pelo... se va a vivir entre los filisteos por un año. Se le acabaron los escondites en Israel.

Tiene su propia milicia compuesta de seiscientos hombres, más esposas e hijos. Se establecen en un lugar llamado Siclag. Los filisteos deciden ir a la guerra en contra de Israel, y esto coloca a David en una situación en verdad apremiante. Es un luchador y, por supuesto, un guerrero, así que se une a las filas del rey Aquis. Sin embargo, los generales filisteos lo descubren y le dicen a su rey:

—¿Qué se cree David que está haciendo?

—¿Por qué? ¿A qué se refieren?

—Es el famoso yerno del rey Saúl, ¿verdad? ¡De ninguna manera nos acompañará en esta campaña!

Aquis intenta defender la lealtad de David, pero no logra hacerlo. Los generales dicen:

—¿Acaso no conoce la canción que cantaban en todo Israel: «Saúl hirió a sus miles, y David a sus diez miles»?

¡Algunos de esos diez miles eran de los nuestros! ¡Claro que no irá a la batalla con nosotros!

Así que enviaron a David y a su milicia de vuelta a casa.

Cuando se van acercando a Siclag... empiezan a ver humo en el horizonte. Comienzan a avanzar en un rápido trote y pronto descubren algo horrible: cada esposa, cada hijo, cada hija, cada vaca y cada cordero desaparecieron. Alguien llevó a cabo un asalto secreto, quemó la ciudad y robó todo.

Estos esposos y padres quedan atónitos ante la desolación. Están desconsolados... imagínelos pensando en sus esposas e hijas cautivas de alguna banda errante de maleantes. *No está mi bella esposa. ¿Qué le estará sucediendo a mi hija de catorce años en este momento?* Solo se pueden imaginar la brutalidad y la crueldad desenfrenada que sin duda ocurrió. Empiezan a llorar con tanta intensidad que se les acaban las lágrimas. Están devastados. La familia de David también se esfumó. Todo está perdido.

En un momento tal de tristeza humana, entran en juego otras emociones. Bullen la ira y el resentimiento. Cuando las personas no pueden lidiar con el sufrimiento del momento, a menudo arremeten contra los que están en autoridad. No soportan el dolor, así que lanzan ataques. Los hombres de David empiezan a decir: «Al fin y al cabo, ¿qué hacíamos allá? ¿A quién se le ocurrió la brillante idea de unirnos al ejército filisteo? Debiéramos haber estado cuidando nuestras familias. ¡Apedreemos a David por esto!»

Luego viene la maravillosa frase que está en 1 Samuel 30:6: «Pero [David] cobró ánimo y puso su confianza en el SEÑOR su Dios.» En el momento que todo se desmoronaba, debe haber encontrado un lugar tranquilo para orar y poner en orden sus pensamientos delante de Dios.

No importa hasta dónde descienda, no importa lo que pueda derrumbarse a su alrededor, ni quién lo rechace o lo calumnie, Dios puede alentarlo. Lo ayudará a superar el escollo. Le fortalecerá en lo profundo de su corazón, en un lugar que ningún otro puede alcanzar.

Después de recuperar su aplomo y su equilibrio espiritual, David se dirige al sacerdote para consultar con Dios lo que debe hacer. Siempre David caminaba en la gracia, nunca disparaba al azar; primero buscaba al Señor. Esto es lo que debe hacer cualquiera que tiene dudas sobre el siguiente paso a dar.

—¿Debo salir tras los maleantes que atacaron nuestra aldea y, si lo hago, podré encontrarlos? —pregunta.

Una pregunta muy sabia. (Piense en todas las consecuencias terribles que pudiéramos evitar si hiciéramos lo que hizo David aquí.)

—Sí, ve a buscarlos y los encontrarás —responde Dios.

Así que se fueron. En el camino, al cruzar el desierto, se encuentran con un esclavo egipcio casi inconsciente. Luego de revivirlo con un poco de agua fresca, el hombre confiesa cierta información vital.

—Estaba con los amalecitas e hicimos una incursión en el área. Prendimos fuego a Siclag, pero luego me enfermé.

—¿Qué crees si nos ayudas ahora a cambio de tu vida?

El hombre no lo piensa dos veces. Acepta conducir a David y su ejército, así que parten de nuevo. Pronto llegan a la cima de una colina para ver que abajo los amalecitas celebran una gran fiesta. El orden del día es libertinaje y borrachera.

Y en el nombre del Señor, David conduce a sus hombres cuesta abajo en contra de ellos. Por un lapso de veinticuatro horas, toda la noche y todo el día siguiente, atacan a los amalecitas con intensidad.

Volver con todo

ESE FUE EL DÍA EN QUE David descubrió que Dios es más que un creador. Es más que un defensor. Es más que una roca o una torre fuerte. Es más que un protector del rey Saúl cuando uno se está escondiendo.

David aprendió la poderosa verdad de que *Dios recobra la propiedad perdida*. Tiene un modo de recobrar lo que se robaron. Solo Dios puede recobrar lo que el enemigo roba.

Y aquí está la mejor parte de todo el asunto: ¡Cada esposa, cada hijo, cada hija seguía con vida! ¡Asombroso! Ni siquiera faltaba un solo cordero.

Preste atención a la descripción que hace la Biblia de la escena. Dice que el esclavo egipcio

> los guió hasta los amalecitas, los cuales estaban dispersos por todo el campo, comiendo, bebiendo y festejando el gran botín que habían conseguido en el territorio filisteo y en el de Judá. David los atacó al amanecer y los combatió hasta la tarde del día siguiente. Los únicos que lograron escapar fueron cuatrocientos muchachos que huyeron en sus camellos. David pudo recobrar todo lo que los amalecitas se habían robado, y también rescató a sus dos esposas. Nada les faltó del botín, ni grande ni pequeño, ni hijos ni hijas, ni ninguna otra cosa de lo que les habían quitado. David también se apoderó de todas las ovejas y del ganado. La gente llevaba todo al frente y pregonaba: «¡Este es el botín de David!»
>
> 1 Samuel 30:16–20

¡Qué victoria! Aparte de todos los bienes recuperados, David y su ejército capturaron una impresionante cantidad de bienes amalecitas, de modo que al marchar de regreso a Siclag, tenían un superávit. Todos adoraban a Dios. Gritaban: «¡Miren lo que Dios nos dio!» Volvieron con más cosas de las que perdieron. ¿Por qué le cuento esta historia poco conocida del Antiguo Testamento? Para arribar a esta coyuntura crítica: David y sus hombres llegaron al momento en el que decidieron *levantarse e ir en busca de la propiedad robada.*

Al empezar el siglo veintiuno, es necesario que alguien se adelante, se ponga en la brecha y luche por la propiedad robada usando las armas de fe y oración.

Debe llegar el momento para usted y para mí en que digamos: «Espera...¿acaso me quedaré sentado en este lugar

lamentándome de mi suerte? En el nombre del Señor recla-
maré a mi hija, mi hijo, mi nieto. En el nombre del Señor *no*
renunciaré a mi llamado, mi potencial en la vida. ¡Satanás,
tú me devolverás eso que me pertenece! En el nombre de
Jesucristo mi Señor vengo en tu contra y me opongo a ti.»

Recuerde que nuestra lucha no es contra carne ni sangre. Estamos en una guerra espiritual. En su vida y la mía,
al empezar el siglo veintiuno, es necesario que alguien se
adelante, se ponga en la brecha y luche por la propiedad robada usando las armas de fe y oración. Alguien tiene que
arremeter. Es necesario decirle al diablo: «¡Basta! Haré lo
mismo que David e iré a buscar los bienes robados.» ¡Monte
su caballo!

Nuestro enemigo Satanás no tiene compasión. Si usted
no se resiste, le robará cada semana, a lo largo de todo el
año. Esa es su obra diabólica. Pero Jesús vino para que tuviéramos vida, vida abundante. Puede revivir su matrimonio. Puede volver a poner fuego en su alma. Su llamado espiritual puede volver a florecer.

Incluso usted puede recobrar la fe que el diablo le robó.
No me refiero aquí al asentimiento mental que le asigna a
las verdades bíblicas que escuchó una y otra vez. Me refiero
a la fe vehemente del corazón y a la confianza como de niño
en el Cristo resucitado y sobrenatural: esa fe que cambia su
modo de vivir, hablar y sentir.

Satanás desea arrebatarle esto por sobre todas las cosas, pues sabe que «el justo vivirá por la fe» (Romanos
1:17). Sabe que «sin fe es imposible agradar a Dios» (Hebreos 11:6). Sabe que la verdadera fe es nuestra cuerda de
salvamento que nos conecta a la gracia y el poder de Dios.
Si él logra cortar *la unión de fe*, habrá obtenido una tremenda victoria. Sabe que sin una fe viva, se extinguirá la
oración como fuerza en nuestra vida. En poco tiempo solo
cumpliremos mecánicamente los ritos externos de la religión sin experimentar nada del poder de Dios.

Sin embargo, Dios puede despertar la fe viva en nuestras almas si se lo pedimos. Dará vida a la fe dentro de nosotros mediante su Palabra, según declara Romanos 10:17

(Reina-Valera 1960): «La fe es por el oír, y el oír, por la palabra de Dios.» Nada es imposible para Dios. A decir verdad, verá que Dios recobra aun más de lo que usted perdió, de la misma manera que hizo David. Eso es lo que nos promete la Biblia cuando dice que podemos ser «más que vencedores por medio de aquel que nos amó» (Romanos 8:37). La única pregunta es: ¿De verdad creemos que nuestro Dios recobrará nuestra propiedad robada? ¿O acaso pensamos que nuestra situación ha ido demasiado lejos para que él pueda hacer algo?

Es por eso que le quiero contar la historia de una mujer llamada Amalia, una de las recuperaciones más asombrosas que he visto en mi vida. Por mucho despojo o saqueo que haya sufrido en su vida personal, es probable que no pueda equipararse a los traumas de ella. Sin embargo, su experiencia le mostrará de qué manera el poder de Dios puede dar un giro completo a la situación.

DOS
La historia de Amalia

«HAY UNA PERSONA que ha asistido a la iglesia durante las últimas dos semanas que en verdad necesita hablar contigo», me dijo un martes por la tarde en mi oficina el pastor Carlo Boekstaaf, que desde hacía muchos años era mi asociado. «No sé si te parece bien, pero la invité a venir esta tarde a las seis, antes de la reunión de oración. Sé un poco de su historia y es increíble. Pero Dios decididamente empezó a obrar en su vida.»

Después de vivir en Nueva York durante toda la vida y de pastorear durante unos cuantos años, supuse que ya no había ninguna historia horripilante que pudiera sorprenderme. Sin embargo, debo admitir que lo que escuché esa noche me dejó sin aliento. Una joven de aspecto duro y a la vez atractivo entró a mi oficina. Parecía emitir una extraña combinación de señales: Era obvio que había pasado tiempo en las «calles rudas», pero también se reflejaban una vulnerabilidad y una pena profunda que se alcanzaban a ver a pesar de la ropa ajustada y el maquillaje espeso.

—Hola, Amalia —dije con suavidad, señalándole una silla—. Soy el pastor Cymbala. Me dijeron que querías hablar conmigo.

Asintió con un leve movimiento de la cabeza y se sentó, tirando del ruedo de su vestido.

—Cuéntame acerca de ti, si lo deseas. ¿En qué te puedo ayudar?

En voz baja y ronca empezó a contarme su historia increíble y del todo deprimente, y durante la siguiente hora básicamente fue esto lo que escuché...

◆

ME CRIÉ EN LOS Proyectos Smith en la zona sudeste.* Era la tercera de siete hijos amontonados en un apartamento en el piso dieciséis. Mi padre trabajaba en la cocina de uno de los grandes hoteles; tanto él como mi madre procedían de Puerto Rico.

En nuestro hogar preponderaban las peleas y las discusiones. Eran incesantes o así parecía. Mi padre era alcohólico y nos amargaba la vida a todos. Tenía un palo de madera que blandía cuando cualquiera de nosotros se le atravesaba en el camino o lo irritaba. Nunca recuerdo que la familia se sentara a comer junta. Me sentí muy confundida durante mi crianza, sobre todo intentaba evitar dificultades.

Mis padres discutían mucho por cuestiones de dinero, ya que al parecer mi padre nunca le daba a mi madre lo suficiente para alimentar y vestirnos a todos. De vez en cuando, Caridades Católicas nos ayudaban. Sin embargo, aunque no había dinero para las necesidades, sí había para alcohol. Y eso, por supuesto, solo lograba que se empeoraran las peleas. Cuando veía que golpeaba a mamá y le daba empujones, me iba corriendo a mi habitación y hervía de indignación.

Tenía unos nueve años de edad la primera vez que me enfrenté a él. En medio de los gritos, le dije una noche: «¡Si lastimas a mi madre, te mataré!» En realidad, no tenía ni idea de cómo hacerlo; solo estaba molesta con él.

Me dirigí a mi madre y le dije: «Mira, ve y duerme en mi cama para que te alejes de él, y yo dormiré en la tuya.» Pensé que aportaba una solución a la situación. En verdad, ella era una dulce mujer y quería protegerla de algún modo.

---

* Uno de los infames edificios de viviendas públicas desperdigados por Nueva York; este se encuentra más o menos entre Chinatown, la pequeña Italia y Wall Street en el bajo Manhattan.

Sin embargo, ese fue el peor error de mi vida... porque esa noche en la habitación de mis padres, mi padre comenzó a abusar de mí. No podía comprender lo que hacía, ni por qué lo hacía. No sabía qué decir; al fin y al cabo, solo era una niña de cuarto grado.

De alguna manera logré pasar esa noche, pero emocionalmente estaba destruida.

Poco después ocurrió la siguiente pelea doméstica... ¿qué haría ahora? Me dije que trataría de nuevo de proteger a mi mamá; quizá esta vez sería diferente.

No lo fue. Comenzó a establecerse un patrón horrible. Las únicas palabras que podía articular eran: «No, papá, no quiero.»

«Pues, si no lo haces», me decía él, «le daré una golpiza a tu mamá.» De modo que estaba atrapada; sentía que tenía que cumplir sus deseos.

Al cabo de un tiempo, parecía que en realidad él *iniciaba* peleas con mi mamá para hacer que cambiáramos de lugar por la noche. O, directamente y sin disimulo, me llamaba desde su habitación: «Ven aquí, Amalia. Quiero que estés conmigo.» Con el tiempo, me di cuenta con espanto que de algún modo enfermizo estaba ocupando el lugar de mi propia madre.

«¡Ni se te ocurra hablar de esto con tu mamá!», me ordenaba él. «Si dices una palabra, la mataré.» El objetivo de mi idea original fue de alguna manera proteger a mi madre, así que mantuve la boca cerrada.

Con todo lo que sucedía en mi casa, la escuela era un suplicio para mí. No me podía concentrar. Estaba sentada en mi clase y, en lugar de escuchar a la maestra, pensaba: *Ay, no, solo faltan dos horas para regresar a casa*. Estaba confundida y deprimida. No sabía qué hacer. No tuve oportunidad de crecer de manera normal, jugar con muñecas ni ser una niña feliz. Estaba paralizada.

Una vez tuve oportunidad de ir a la casa de una amiga después de clases; se llamaba Jeanette. Para mi asombro, no había peleas en ese lugar. Había mucha paz y amor. Los miembros de la familia de verdad se escuchaban unos a otros y sonreían. Sentí una emoción que crecía en mi interior. *¡Cuánto deseaba poder vivir en un hogar como este!*

Fue tan agradable estar allí, que me quedé más tiempo del que debía. Cuando me di cuenta de la hora y salí, me esperaba mi mamá. «¿Dónde has estado?», me preguntó en un tono preocupado. «Tu padre te busca. Está furioso.»

«Sí, es mi padre», me decía,
«pero esto es muy malo.
Es tan malvado que debe morir.»
Amalia

En cuanto entré a nuestro apartamento, me agarró y me llevó a su habitación. Me dio tal golpiza, que cuando volví a salir, estaba cubierta de sangre. Mi madre me echó una mirada y de inmediato me metió a la bañera, donde con amor me lavó para quitarme la sangre de los brazos, las piernas, la cara y el cabello.

Llegó a tal punto, que cuando sabía que tendría que pasar la noche con él, escondía un destornillador o un cuchillo bajo el colchón con la intención de matarlo. *Sí, es mi padre*, me decía, *pero esto es muy malo. Es tan malvado que debe morir.*

Sin embargo, cuando llegaba el momento de usar mi arma... nunca lograba reunir el valor necesario. Noche tras otra me sometía a él. De todas las muchachas de la familia, supongo que yo era la más tímida y de naturaleza más complaciente. No me era posible enfrentármele.

Esto sucedió durante años, hasta que cumplí los dieciséis años de edad y esperaba impaciente, al igual que mis hermanos y hermanas, irme de la casa en cuanto me fuera posible. Para mí, la vía de escape fue un muchacho llamado Richard que vivía en el edificio frente al nuestro y estaba en el mismo grado que yo en la escuela. Empezamos a andar juntos, para gran desagrado de mi padre. La única manera que conocía para hacer que Richard me aceptara y amara era dándole mi cuerpo. ¿Acaso no era eso lo que querían todos los hombres?

Pronto encontramos un ministro que nos casara y tuvimos una gran recepción en el centro comunitario del proyecto en el que vivíamos. No recuerdo que mi padre haya asistido siquiera; siempre fue hostil con cualquiera de mis novios y, por cierto, también lo fue con mi nuevo esposo.

No teníamos dinero suficiente para una luna de miel; solo nos mudamos a una casa que la hermana de mi primo nos permitió usar. Básicamente esto significó el fin de mis estudios. Richard tenía un trabajo en el hospital Metropolitan y supuse que me cuidaría de allí en adelante; en realidad, no hacía falta que terminara la escuela secundaria. Cualquier sueño que pudiera haber tenido sobre lo que me sería posible lograr en la vida fue desapareciendo.

Era difícil tener una relación sexual normal con mi esposo adolescente. Cualquier tipo de intimidad siempre me llevaba a pensar otra vez en mi padre. En verdad, nuestro matrimonio nunca tuvo una posibilidad de éxito.

Mientras tanto, Richard me llevó a las drogas, empezando por la marihuana. Al principio no me gustó, pero siguió insistiendo y pronto me di cuenta que podía hacer que me olvidara de todos mis problemas por lo menos durante un rato. Luego vino el LSD y la cocaína. También hice la prueba de inyectarme heroína, pero no me gustó porque me deprimía. Quería que cualquier cosa que tomara me reanimara y me hiciera feliz.

El matrimonio duró poco más de un año. Me vi en aventuras amorosas con otros hombres y algunas mujeres también. Richard y yo nos separamos, y poco después él se enroló en el ejército. Mientras tanto, me involucré con un hombre tras otro, intentando mantenerme drogada las veinticuatro horas del día. De vez en cuando conseguía trabajitos, según la necesidad: una fábrica de zapatos, un negocio de rosquillas, cualquier cosa que pudiera encontrar, dada mi educación limitada. Sin embargo, cualquier hombre que me hablara bonito y me ofreciera un lugar para vivir, podía tenerme. Y si además me proporcionaba drogas, incluso mejor.

Me vestía de manera extravagante para llamar la atención en la calle. Conseguí un trabajo de vendedora en una boutique bastante alocada de nombre «Superfly» en la calle cuarenta y siete y Broadway, lo cual me mantuvo al día con todas las modas más actuales. De algún modo me gané la fama de salir con boxeadores. Una noche estaba en una discoteca clandestina cuando entró un campeón de boxeo de fama mundial. Su amigo me desafió a que lo sacara a bailar y lo hice. Al final de la noche, me invitó a su hotel.

Esa noche en particular estaba con otro hombre, así que decliné la invitación del campeón. Sin embargo, unos días después apareció en mi negocio haciendo que se arremolinara en la calle una multitud de fanáticos. Se presentó en el negocio no tanto para comprar algo, sino para invitarme a cenar y yo acepté. Esa noche, después que nos sentamos a la mesa en un restaurante de lujo, me dijo:

—Aquí tienes una pastilla. Tómala, te hará sentir bien.

—¿Qué es? —le pregunté.

—Confía en mí. Te gustará —me dijo.

Sea lo que fuere que él esperaba que me hiciera, tuvo el efecto contrario. ¡Al cabo de unos pocos minutos me encontraba en el baño de damas vomitando! Durante toda la comida me sentí horrible. Después me llevó a su habitación de hotel, pero decididamente esa noche no habría ninguna «acción»; estaba demasiado descompuesta del estómago. Al final, le dije que en verdad me hacía falta un taxi para volver a casa. Le pedí un poco de dinero; estaba tan disgustado conmigo, que se negó. Así que tuve que pagar la tarifa.

Otro tipo con el que salí en esos días era un proxeneta, aunque no me di cuenta de ello. Cuando salíamos, estacionaba su Cadillac en la calle cuarenta y dos oeste y observaba a ciertas prostitutas, lo cual me hacía preguntar: *¿Por qué? ¿Acaso no tiene interés en mí?* No lo entendía: ¡Esas eran sus muchachas! En cuanto intentó meterme a mí también en su negocio, desperté a la realidad y dejé de verlo.

Ahora ya tenía alrededor de veinticinco años y toda esta vida desenfrenada no era tan fantástica como suena, ¿me entiende? Decidí que quizá debía buscar algún trabajo fijo. De modo que me inscribí para hacer un curso de barman. ¿Por qué?... No lo sé, ya que aborrecía a todos los alcohólicos.

Cuando finalicé el curso y obtuve mi certificado, me resultó muy difícil encontrar trabajo. En esos tiempos y en muchos lugares, todavía no les gustaba aceptar la idea de emplear a mujeres en ese trabajo. Cuando solicité empleo en Midtown en un lugar llamado «Metropole», me dijeron que no. En cambio me ofrecieron un puesto de mesera. Dada mi baja autoestima, les dije que sí, que aceptaría el trabajo.

En cuanto me presenté a trabajar me di cuenta para qué servía el pequeño escenario en el centro del bar. Se trataba de un bar con un espectáculo de mujeres con el torso desnudo. *¿Y ahora en qué me he metido?*, me pregunté. Pero un trabajo es un trabajo, y por cierto que me hacía falta uno, así que me puse a trabajar.

Los hombres que venían al lugar me trataban de manera amistosa y a veces me decían cosas como: «Oye, ¿por qué no subes tú allí también?»

Miraba a las muchachas en el escenario... y pronto comprendí que allí era donde se ganaba buen dinero. Como mesera trabajaba como una esclava por doscientos dólares a la semana más las propinas, mientras que a ellas se les pagaba un salario regular además de todos los billetes de veinte y cincuenta que los clientes les metían en los disfraces cuando bailaban. Me daba miedo, pero después de un tiempo, y puesto que las palabras de aliento me seguían llegando, conseguí que el dueño del bar me cambiara de trabajo.

La primera vez que trabajé en el escenario estaba hecha un manojo de nervios. A decir verdad, es probable que no lo hubiera podido hacer sin drogarme antes. Pero a medida que pasaban los minutos y los clientes empezaban a animarme y tirarme dinero, vi los beneficios de esta línea de trabajo.

«Varias veces estuve embarazada
con anterioridad y siempre me hice
abortos para poder seguir trabajando.
Pero esta vez fue diferente.
Por algún motivo, quería seguir adelante
y ver cómo sería tener un bebé.»
Amalia

... Y eso es lo que he estado haciendo durante los últimos cuatro años. No me fascina, ¿pero qué más puedo hacer? A veces me pregunto: *¿Cómo es que me metí en todo esto? Me estoy degradando. Esto no es lo que de verdad quiero hacer.* Me deprimo y solo pienso que no hay otra cosa. Mi padre ya destruyó todo lo que alguna vez soñé que sería. No me importa cuán lejos voy a llegar... pero por otro lado, sí me importa, ¿me entiende?

Mis finanzas sufrieron un duro golpe hace un par de años debido a que conocí a un hombre llamado Gilbert en Metropole. Me sentí atraída hacia él. Comenzamos a salir. Y luego una noche, en medio de un baile, me desmayé... me derrumbé allí mismo sobre el escenario.

Supuse que esa noche había bebido demasiados tragos. Pero la verdadera causa fue que estaba embarazada. Varias veces estuve embarazada con anterioridad y siempre me hice abortos para poder seguir trabajando. Pero esta vez fue diferente. Por algún motivo, quería seguir adelante y ver cómo sería tener un bebé.

Sin embargo, a Gilbert no le interesaba quedarse para eso y pronto se fue. Yo quedé destruida. Estaba completamente sola y sin posibilidad de trabajar debido al embarazo. Con el tiempo me cortaron la electricidad porque no podía pagar la cuenta. En verdad, toqué fondo. Decidí que tal vez lo mejor que podía hacer era matarme, ya sea cortándome las venas de las muñecas o saltando de un puente.

Tomé una navaja y empecé a cortarme la muñeca. Comencé a sangrar. Sin embargo, no logré reunir el valor necesario para cortarme a una profundidad que me permitiera cumplir con mi cometido.

Debí humillarme y preguntarle a mi madre si podía volver a vivir en su casa. (Para ese entonces mi papá la había dejado. Se llamó tantas veces a la policía para contenerlo, que finalmente se decidió a irse de la ciudad de Nueva York.) Ella me recibió.

Debo reconocer que volqué gran parte de mi ira sobre ella. Un día me preguntó cómo era que no podía completar una sola frase sin usar una palabrota. Nos enredamos en una gran pelea. En el fondo, creo que seguía enojada con ella por lo sucedido años antes.

Con el tiempo di a luz un saludable niño a quien di el nombre de Vinny. Debo decir que esta fue la experiencia más bella de mi vida. Cuando lo miré en mis brazos, no pude evitar sentir gratitud hacia Dios.

Ahora me preguntaba: ¿Qué haré para criarlo? ¿Qué le enseñaré? No lo sé…

A fin de mantenerlo, volví a mi antiguo trabajo. Mi madre cuida al bebé todos los días mientras estoy fuera.

Una vez, después de tener otra discusión con mi madre, subí al techo de nuestro edificio. Mirando hacia la calle que estaba dieciocho pisos más abajo, pensé en mi pésimo desempeño como madre (llegaba a casa a las tres de la madrugada completamente drogada y obligaba a mi madre a hacer todo el trabajo). Tal vez debiera saltar. Empecé a temblar y llorar.

De algún modo logré alejarme de allí, baje las escaleras y fui a sentarme en la quietud de la iglesia católica a la que asiste mi madre. No podía dejar de temblar y llorar mientras decía: «Dios mío, ¿por qué estoy pasando por todo esto? ¿Por qué permitiste que mi vida se descontrolara tanto? Todo es por tu culpa.»

Luego mi último amante rompió nuestra relación y quedé destruida y en un estado de confusión peor. Ahora sí que me puse en serio a elaborar un plan definitivo de suicidio. Iría a uno de los puentes y saltaría al Río Este. Me atemorizaba hacerlo, pero más me asustaba seguir viviendo.

El esposo de mi hermana, cuyo nombre es Mickey, salió a menudo de parranda conmigo en el pasado. Sin embargo, ahora es cristiano. También una amiga llamada Carmen. De repente no le interesa drogarse conmigo; ahora se la pasa hablándome de Jesús.

Así que hace un par de semanas, Mickey invitó a mi madre y a algunos más de nosotros a acompañarlo aquí a su iglesia. «Está bien, iré», le dije.

Nos sentamos en el balcón. Tal vez no estaba vestida de manera apropiada para la iglesia, pero... a quién le importa. Mickey parecía estar muy feliz allí sentado con una gran sonrisa en el rostro. No podía entender por qué.

Cuando usted se levantó a predicar y empezó a hablar del amor de Dios, presté atención. Recuerdo que dijo algo así: «Jesús te ama sea lo que fuere que hayas hecho. Él te perdonará y te hará superar cualquier cosa que te haya sucedido en la vida.»

Al rato me estaba preguntando: *¿Cómo sabe lo que estoy viviendo? ¿Acaso Mickey le contó mi vida?* No podía creer que Dios de verdad entendiera mi vida alocada. Preguntas de todo tipo me vinieron a la mente.

Luego, sin previo aviso, empecé a llorar. Yo no soy así; soy bastante dura. Sin embargo, me era imposible contener las lágrimas. Estaba arruinando mi maquillaje.

Cuando usted pidió que las personas pasaran al frente para recibir oración, me levanté junto con los demás. Una mujer se acercó y me puso la mano en el hombro. Eso me espantó un poco, no estoy acostumbrada a cosas de ese tipo, ¿me entiende? Pero ella solo oraba por mí.

Cuando volví a casa, seguí pensando en todo lo ocurrido. Todavía me sentía confundida sobre algunas cosas. Al día siguiente, me llamó uno de sus pastores para agradecerme por haber asistido y para preguntarme cómo estaba. Al final, me preguntó: «¿Está lista para entregar su vida a Cristo?»

«Pues, no creo que esté lista para eso», le respondí. Al fin y al cabo solía reírme de los programas cristianos en la televisión cuando me drogaba con LSD. Pero algo estaba sucediendo en mi interior. Decidí que debía volver a su iglesia para al menos averiguar si me habían «tendido una trampa», si tenían algún plan para atraparme.

Así que volví el domingo pasado. Su mensaje trataba sobre la paz de Dios.

Miré a esta pobre mujer, tan destruida
por el pecado y por Satanás,
y mi corazón se partió. Ella me miró
como diciendo: «¿Y ahora qué?
¿Acaso soy un caso perdido?»

Ese mismo pastor me volvió a encontrar y me preguntó si deseaba hablar con usted. Traté de aparentar calma y le pregunté: «¿Para qué?» Sin embargo, por dentro sabía que me hacía falta.

Entonces, pastor, si algo no cambia pronto, mi vida está arruinada. Le seré franca, me siento verdaderamente sucia, aun estando aquí en su oficina. No sé si debía haberle dicho todo esto, pero... en fin... ¡ejem!, ¡tal vez deba dejar de hablar ahora!...

◆

LOS OJOS SE ME LLENABAN de lágrimas a medida que Amalia relataba su historia. Un nudo en la garganta me impedía hablar. Permanecimos sentados allí en silencio, ambos sumidos en reflexión. Me parecía que ella ya había vivido tres o cuatro vidas... todas increíblemente horribles.

Miré a esta pobre mujer, tan destruida por el pecado y por Satanás, y mi corazón se partió. Ella me miró como diciendo: *¿Y ahora qué? ¿Acaso soy un caso perdido? ¿Me quiere echar a la calle de una patada o qué?*

Eché una mirada al reloj y me di cuenta de que pronto empezaría la reunión de oración. De repente, supe exactamente lo que debía hacer.

«Amalia», le dije, «entraremos a la reunión de oración ahora y le pediremos a Dios que obre un milagro. Jesucristo puede limpiarte y convertirte en la mujer que él quiere que seas. Él te trajo aquí para que pudiéramos señalarte el camino para que salgas del lío en el que estás metida.

»Si quieres que Cristo te salve y te cambie, acompáñame ahora mismo y haré que toda la iglesia ore por ti.»

Ella hizo una especie de gesto de asentimiento y salimos de mi oficina. Recorrimos el pasillo central de la iglesia mientras las personas ya oraban a nuestro alrededor. Nos sentamos en el primer banco.

Más tarde, tomé el micrófono y anuncié que Dios nos había enviado una visita especial esa noche. Pronto Amalia se puso de pie frente a toda la congregación. No les conté nada de su historia, solo que ella había llegado a una crisis en su vida y deseaba recibir a Cristo como su Salvador. ¡Qué maravilloso fue el tiempo que pasamos orando juntos y luego adorando al «Padre misericordioso y Dios de toda consolación» (2 Corintios 1:3)!

Después me contó que esa noche al regresar a la casa de su madre, que cuidaba al pequeño Vinny, exclamó: «Mamá, adivina lo que hice esta noche. ¡Le entregué mi corazón a Jesucristo y él me salvó! ¡Me limpió! Ya no soy la misma.»

Su madre estaba atónita. ¿Sería que su atribulada hija por fin se iba a enderezar?

«Esa noche fue la vez que mejor dormí en mi vida», informó Amalia, «porque me sentía limpia. ¡Jesús lo hizo! Se acabaron las pesadillas, se acabaron las drogas, se acabó el odio que me tenía, se acabó la desesperación.»

El pastor Boekstaaf y su esposa, Ingrid, la involucraron en un grupo de discipulado que se reunía en la casa de ellos los lunes por la noche. Empezamos a ver una transformación en su vida. Empezó a tener un aspecto diferente. Sus ojos se iluminaron. Cambió su modo de vestir. Empezó a tener el porte de una mujer de Dios en lugar de lo que el pecado hizo que fuera. Consiguió un trabajo de recepcionista en una pequeña oficina de abogados, luego cambió a una compañía de seguros de Wall Street.

A la larga, se unió al coro del Brooklyn Tabernacle. Uno o dos años después, cuando hicimos un gran concierto en Radio City Music Hall, le pedimos que contara su testimonio antes de una canción que escribió mi esposa, Carol, cuyo título es «Libre Soy». Después de su historia, el coro comenzó a cantar:

> *Sangre que da dulce perdón*
> *y fluye de la cruz.*
> *Y en ella hay gran salvación,*
> *me lavó y me libertó ...*
> *Solo Jesús pudo llevar*
> *la carga que sentí.*
> *En la cruz por mí sufrió.*
> *Él me salvó y me libertó.*

Mientras cantaban, mostramos una serie de diapositivas en la pantalla grande; una foto tras otra que Amalia nos había prestado. La dureza y la degradación iban en aumento hasta que al final, la imagen se desaparecía lentamente convirtiéndose en la bella mujer en la que se convirtió, en una blanca túnica del coro bordada de lentejuelas. Parecía que las seis mil personas rompían juntas en llanto.

Unos años después de su salvación, Amalia conoció a un mecánico dental en nuestra iglesia, se enamoraron y se casaron. Además de Vinny, el Señor les dio un hijo y en 1987 la familia se mudó a otro estado. Hasta el día de hoy, siguen andando con Dios. Adoran y sirven en una iglesia cuyo pastor es un buen amigo mío.

Conté la historia de Amalia con suficientes detalles como para destacar que no importa hasta qué punto llegue el diablo a degradar una vida (por temprano que empiece en la infancia y por mucho que corrompa el alma humana), Dios puede recobrar su propiedad robada.

No importa hasta qué punto llegue el diablo a degradar una vida (por temprano que empiece en la infancia y por mucho que corrompa el alma humana), Dios puede recobrar su propiedad robada.

Si Dios pudo cambiar a Amalia, ¿qué enfrenta usted que sea «demasiado imposible» para él? Si él respondió al clamor de Amalia por misericordia y gracia, ¿qué impide que usted invoque el nombre del Señor ahora mismo?

Dios le invita a hacerlo y no hay mejor momento que el actual. Escuche su amorosa invitación: «Invócame en el día de la angustia; yo te libraré, y tú me honrarás» (Salmo 50:15).

Usted puede ver cómo Jesucristo demuestra que es más poderoso que el ladrón que hurta. Este mismo instante es crucial, incluso al leer estas palabras. Enfréntese a la realidad de su situación espiritual y vaya a buscar cualquier cosa que Dios le haya mostrado que es propiedad robada, la cual Satanás con astucia le haya hurtado. El celo y el amor por Cristo que una vez tuvo se *pueden* recuperar. El llamado sobre su vida a servir al Señor en algún ministerio específico aún se puede cumplir.

Tampoco es demasiado tarde para que Dios alcance a ese hijo o a esa hija, no importa dónde esté ni en qué condición parezca estar. La familia que ahora mismo se desmorona no es un caso demasiado difícil para Jesucristo, basta que usted se afirme y empiece a pedir en fe que él restaure lo que el ladrón intentó robar. Dios lo hará y usted le alabará de un modo nuevo.

TRES
Lo que nadie pregunta

CUANDO ANALIZAMOS nuestro estado espiritual, pensamos en cosas superficiales. Nos centramos en patrones de conducta tales como si participamos de chismorreos, si fuimos fieles a nuestro matrimonio, si leemos la Biblia, si diezmamos. Nos concentramos en obras externas y nos olvidamos que estas son el fruto de un factor espiritual más profundo.

En la iglesia organizada, hay demasiados pastores que solo se interesan en cuántos asisten, lo cual nada tiene que ver con la salud de una iglesia. Lo importante no es la cantidad, sino la fe activa y vehemente en el Dios al que sirven. Es fácil colmar un edificio sin agradar a Dios. Las multitudes no equivalen a espiritualidad.

Cuando Pablo envió a Timoteo para averiguar cómo le iba a la nueva iglesia tesalonicense (donde solo pudo permanecer tres semanas antes de que lo echaran de la ciudad), uno pensaría que en primer lugar hubiera preguntado sobre el crecimiento de la iglesia. ¿Tenían ya edificio propio? ¿Cuántas personas asistían los domingos? ¿Alcanzaban las ofrendas para pagar las cuentas? ¿Y cómo estaban las personas mismas: dejaron de blasfemar, beber y parrandear? ¿Ya no asistían a entretenimientos inconvenientes? ¿Ya no se acostaban con cualquiera?

¡De ninguna manera! En lugar de eso, en 1 Tesalonicenses 3, el apóstol Pablo revela que lo que más le interesa es el *nivel de fe* de sus preciosos convertidos. Quiere saber la temperatura de su salud espiritual y la mide con la fe. No da por sentado que, por ser cristianos, andan en fe robusta de modo automático. Escuche sus palabras y vea cuán poco conocido resulta su enfoque para nuestros oídos modernos:

- «Les enviamos a Timoteo ... con el fin de afianzarlos y animarlos *en la fe*» (v. 2)
- «Cuando ya no pude soportarlo más, mandé a ... Indagar acerca de *su fe*» (v. 5).
- «Ahora Timoteo acaba de volver ... con buenas noticias *de la fe* y del amor de ustedes» (v. 6).
- «Por eso, hermanos, en medio de todas nuestras angustias y sufrimientos ustedes nos han dado ánimo por *su fe*» (v. 7).
- «Día y noche le suplicamos que nos permita verlos de nuevo para suplir lo que le falta a *su fe*» (v. 10).

De principio a fin, a través de este capítulo, a Pablo le turba una simple palabra. A decir verdad, esto no es una sencilla evaluación, una inspección. Envió a Timoteo para «afianzar y animar» a las personas en la fe; en otras palabras, hacer todo lo que pudiera para mejorar el informe.

Según se cita arriba, Timoteo regresó con un gran resumen. Notará que nada dice sobre el edificio de los tesalonicenses. Nada sobre el sistema de sonido ni las luces ni la alfombra. En cambio, sí presta mucha atención a la fe. Sin embargo, a Pablo no le basta con esto. En el versículo 10 afirma que él mismo quiere hacer otro viaje allí «para verlos de nuevo para suplir lo que le falta a su fe». Fe. Fe. Fe. Fe.

¿Por qué este énfasis?

¿Qué conmueve el corazón de Dios?

LO QUE SABÍA PABLO, pero nosotros al parecer olvidamos, es que cuando alguien se derrumba en su conducta, se aparta y cae en una vida de pecado o se enfría en el Señor, es porque en primer lugar su fe se vino abajo. El verdadero

problema no radica en que haya alguien que siempre pierda los estribos, sino que abrigue en su interior una debilidad en la fe. Así sucede con todos nuestros desvíos de la
buena manera de vivir.

---

*Dios no necesita la música bella
de nuestro coro, ni la de ningún otro coro
de iglesia. Si deseara música espectacular,
¡haría cantar a los ángeles!*

Mi meta de ministerio en el Brooklyn Tabernacle no es
llenar el edificio. Es predicar la Palabra de Dios de modo
que se edifique la fe de las personas en Cristo. Dios no necesita la música bella de ningún coro de iglesia. Si deseara
música espectacular, ¡haría cantar a los ángeles! Ellos
nunca omiten una palabra ni desafinan. Sin embargo, lo
que busca en verdad es un pueblo que muestre una fe fuerte y personal en él.

¿Qué cree que haría falta para asombrar a Jesús? Al fin
y al cabo, por él se crearon al principio el mundo y la humanidad. Ha existido eternamente en el cielo mismo. Cuando
estuvo en la tierra, ¿hubo alguna cosa que lo impresionara
al punto de exclamar: «¡Eso sí que es notable! ¡Fantástico!»? Nunca, en ningún capítulo de los cuatro Evangelios,
Jesús quedó asombrado ante la rectitud de nadie. Al fin y
al cabo, él mismo era completamente puro y santo. Nunca
quedó impresionado ante la sabiduría o la educación de nadie. Nunca dijo: «Vaya, ese Mateo sí que es inteligente,
¿verdad? Sin duda, escogí un genio de las finanzas.»

Pero una cosa *sí* le asombraba: la fe de las personas.

---

*En ninguno de los cuatro Evangelios se vio
que Jesús quedara asombrado ante
la rectitud de nadie. Nunca quedó
impresionado ante la educación de nadie.
Pero una cosa sí le asombraba:
la fe de las personas.*

Cuando le dijo al centurión romano que iría a su casa para sanar a su siervo, y el centurión le dijo que no se molestara sino que solo pronunciara la palabra de sanidad, «Jesús se asombró de él, y volviéndose a la multitud que lo seguía, comentó: —Les digo que ni siquiera en Israel he encontrado *una fe tan grande*» (Lucas 7:9). Es probable que a los oyentes judíos no les haya gustado ser aventajados por este romano, pero así sucedió de todos modos.

Cuando otra «extranjera», una mujer cananea, se acercó suplicándole a favor de su hija atormentada por un demonio, y no aceptaba una negativa por respuesta, Jesús exclamó finalmente: «¡Mujer, qué *grande es tu fe*! ... Que se cumpla lo que quieres» (Mateo 15:28).

Por otro lado, cuando regresó a Nazaret, la ciudad donde se había criado, «no pudo hacer allí ningún milagro, excepto sanar a unos pocos enfermos al imponerles las manos. Y él se quedó asombrado por *la incredulidad* de ellos» (Marcos 6:5,6). Puede estar seguro de que no había ninguna enfermedad demasiado extrema, ningún demonio demasiado poderoso para el Hijo del Dios viviente. Pero ese día en particular en Nazaret, la incredulidad de ellos le ató las manos. En efecto, estableció la siguiente declaración como un primer principio: «Se hará con ustedes conforme a su fe» (Mateo 9:29).

No podemos dar un giro teológico a la historia diciendo: «Pues, quizá no haya sido voluntad de Dios sanar a esas personas en Nazaret.» El texto no da ninguna indicación de que ese haya sido el caso. Por otro lado, dice con claridad que el Hijo del Dios fue limitado ese día.

En nuestro tiempo, la noción de la fe se ha descarrilado en algunos sectores en los que se pone énfasis en decir ciertas palabras, pronunciar una «confesión positiva» de salud, prosperidad u otra bendición.

La fe sola es el gatillo que libera el poder divino. Según escribió Pedro: «El poder de Dios protege mediante *la fe*» (1 Pedro 1:5). Nuestros esfuerzos, forcejeos y promesas no darán resultado alguno; lo que Dios busca es la fe. La fe es clave en nuestra relación con él.

Más que palabrería

NO SOLO ME REFIERO a nuestras palabras. La fe es mucho más que palabrería. A veces no somos mejores que los del tiempo de Isaías, de los cuales el Señor dijo: «Este pueblo me alaba con la boca y me honra con los labios, pero su corazón está lejos de mí» (29:13).

En nuestro tiempo, la noción de la fe se ha descarrilado en algunos sectores en los que se pone énfasis en decir ciertas palabras, pronunciar una «confesión positiva», anunciando con confianza excesiva una descripción de salud, prosperidad u otra bendición. Algo así como una mantra espiritual. Una fórmula mental de «cómo la Biblia dará resultado para usted» ocupa una posición primordial y central, mientras que rara vez se enfatiza la cuestión de una verdadera fe del corazón y comunión con el Cristo viviente.

Esta fórmula no es el espíritu ni el mensaje del Nuevo Testamento, y desemboca en absurdos exagerados. En realidad ha servido para apagar el deseo de genuinas reuniones de oración por toda la nación. Las personas no pueden clamar al Señor pidiendo respuestas a sus problemas porque, de acuerdo con la enseñanza recibida, ni siquiera se debe decir que se tiene un problema. Admitir que uno está enfermo o en dificultad es algo supuestamente malo; se está usando la boca para decir algo negativo, y eso no es "vivir en fe".

Si eso fuera cierto, ¿por qué declara el apóstol Santiago: «¿Está afligido alguno entre ustedes? Que ore ... ¿Está enfermo alguno de ustedes? Haga llamar a los ancianos de la iglesia para que oren por él y lo unjan con aceite en el nombre del Señor» (Santiago 5:13-14)? ¿Cómo podemos orar de verdad, o pedir a otros que oren, si no reconocemos en primer lugar que estamos frente a algún tipo de problema genuino? Es obvio que los creyentes del Nuevo Testamento lo hacían.

Cierta vez un ministro me dijo que cuando las personas se presentan al altar en su iglesia solicitando oración de modo individual, él les ha enseñado que no digan: «Tengo un resfrío» o «Tengo diabetes» o lo que sea. En cambio, deben decir «Tengo *los síntomas* de un resfrío» o «Tengo *los síntomas* de diabetes». De otro modo, no estarían andando «en fe». (Supongo que cuando alguien ha dejado de respirar por un lapso de dos semanas, solo tiene «los síntomas de la muerte.»)

Para mí esto es bastante más que juegos mentales. La fe que Dios desea para nosotros no evita encarar de frente la realidad del problema. Cuando Abraham vio que los años pasaban sin que viniera un niño a su hogar, no dijo: «Al parecer, mi esposa y yo estamos experimentando algunos síntomas de infertilidad.» En cambio, fue completamente directo: «*Su fe no flaqueó*, aunque reconocía que su cuerpo estaba como muerto, pues ya tenía unos cien años, y que también estaba muerta la matriz de Sara. Ante la promesa de Dios no vaciló como un incrédulo, sino que *se reafirmó en su fe* y dio gloria a Dios, plenamente convencido de que Dios tenía poder para cumplir lo que había prometido» (Romanos 4:19–21).

¿No le parece que esa es una escritura poderosa? Ser realista con respecto al problema de ninguna manera era contrario a la fe. A decir verdad, hizo que Abraham dijera: «Oh Dios, tú eres el único que puede cambiar esta situación. ¡Ven y ayúdanos, te lo rogamos!»

Pablo y otros escritores de la Biblia no fomentaban una «fe de fantasía» ni una «superfé». No hay nada en 1 Tesalonicenses 3 que siquiera parezca tocar el tema de cómo hablaban los cristianos de esa ciudad, el tipo de declaraciones que hacían. Pablo buscaba algo mucho más profundo: una fe verdadera.

¿Una lucha incesante?

POR OTRO LADO, hay muchos más que asisten hoy a la iglesia cuya fe se ha adormecido. Por supuesto que nunca lo admitirían. Declararían tener fe en Dios y en su Palabra. Se ponen de pie los domingos por la mañana y recitan el Credo de los apóstoles.

Pero si observa con atención, verá un cristianismo híbrido. Verá personas que piensan que el objetivo del cristianismo es leer la Biblia todos los días, intentar vivir una vida buena de la mejor manera posible y ganarse así la aprobación de Dios.

Su palabra clave al describir la vida cristiana es «lucha». Dicen cosas como: «Estoy *luchando* para obedecer al Señor y hacer su voluntad. Hago lo mejor que puedo. Todos *luchamos*, ¿sabe?» Lo que revela esto es un cristianismo centrado en la capacidad humana en vez de la de Dios.

¿Adónde se fue la verdad central de la Reforma Protestante, concretamente, de que no nos ganamos nuestra posición con Dios sino que más bien recibimos su gracia por fe? Al igual que los gálatas, nos hemos alejado de algo vital. Con razón el apóstol Pablo les envió una carta severa que decía: «¿Tan torpes son? Después de haber comenzado con el Espíritu, ¿pretenden ahora perfeccionarse con esfuerzos humanos?» (3:3). Ese es nuestro problema en la actualidad.

¿Dónde ha ido a parar la verdad central de la Reforma Protestante de que no nos ganamos nuestra posición con Dios sino que más bien recibimos su gracia por fe?

El verdadero cristianismo se trata más bien de conocer a Jesús y confiar en él, apoyarnos en él, reconocer que toda nuestra fortaleza proviene de él. Ese tipo de fe no solo es lo que agrada a Dios, sino que es el único canal por medio del cual el poder de Dios fluye a nuestras vidas para que *podamos* vivir de manera victoriosa para él. A esto se refería Pablo al escribir: «Todo lo puedo *en Cristo que me fortalece*» (Filipenses 4:13).

Mi coautor, Dean Merrill, recientemente estuvo en una boda en la que las respuestas dadas por el novio y la novia a los votos no solo fueron el tradicional «Sí, lo pro-

meto» sino «Sí, lo prometo con la ayuda de Dios». El ministro que escribió esa ceremonia sabía que el esfuerzo humano pudiera ser insuficiente para llevar a la joven
pareja en el mundo de hoy «hasta que la muerte los sepa-
re». Por lo tanto hizo que imploraran la ayuda de Dios al
construir su matrimonio.

Esto concuerda bastante con lo que dijo Salomón al dedicar el templo: «Que el SEÑOR nuestro Dios esté con nosotros, como estuvo con nuestros antepasados; que nunca nos
deje ni nos abandone. *Que incline nuestro corazón hacia él*,
para que sigamos todos sus caminos y cumplamos los
mandamientos, decretos y leyes que les dio a nuestros antepasados» (1 Reyes 8:57-58). En esa frase Salomón mostró gran comprensión de que Dios mismo debe inclinar
nuestro corazón a él, pues de otro modo nos perderemos.

Muchas personas, al desmoronarse en la fe cristiana,
sencillamente «se esfuerzan más». ¡Les deseo suerte! ¿Se
esfuerzan más con qué? He mirado en mi interior... y he
dejado de buscar. Allí no hay nada que sea bueno ni utiliza-
ble. Por otro lado, si me doy vuelta y fijo «la mirada en Jesús, el iniciador y perfeccionador de nuestra fe» (Hebreos
12:2), encuentro todo lo que necesito.

---

*Muchas personas, al desmoronarse
en la fe cristiana, sencillamente
«se esfuerzan más». ¡Les deseo suerte!
¿Con qué se esfuerzan más?*

No sirve para nada intentar controlar a las personas y
hacer que se comporten correctamente dándoles solo leyes
y amenazas respecto del infierno. Eso no logrará nada. No
cambiarán. ¿Cómo vive en realidad el justo? «Por la fe.»

En la época de mi crianza, pensaba que el cristiano más
grande debía ser la persona que anda con los hombros er-
guidos por causa de una tremenda fortaleza y poder interior, citando las Escrituras y dejando saber a todos que ha
llegado. Desde entonces he aprendido que el creyente más
maduro es el que está encorvado, y se apoya fuertemente

en el Señor, y reconoce su total incapacidad para hacer cualquier cosa sin Cristo. El mejor cristiano no es el que *logró* más, sino el que *recibió* más. La gracia, el amor y la misericordia de Dios fluyen a través de él en abundancia porque anda en total dependencia.

El mejor cristiano no es el que logró más, sino el que recibió más.

Recuerdo una tarde de hace muchos años cuando Dios hizo que esta verdad cobrara vida en mi corazón. Mientras conducía mi automóvil por un bulevar de Nueva Jersey, escuchaba a un ministro anciano de Gran Bretaña cuyos libros me bendijeron cuando era un pastor joven. La estación de radio transmitía una grabación de uno de sus últimos mensajes predicados en una conferencia bíblica de renombre aquí en Estados Unidos.

Contó cómo después de muchos años de ministerio exitoso como maestro y expositor de la Palabra de Dios, se vio obligado a permanecer en casa debido a una prolongada enfermedad. Este cambio, de lo que solía ser un programa intenso de disertaciones, viajes y escritos, comenzó con lentitud a producirle una sensación de depresión. Luchó para vencerla fijando su atención en la Palabra de Dios, pero se le hacía difícil debido a su salud deteriorada.

«De repente», contó él, «parecía que se hubiera quitado la tapa de una cloaca de la que surgía una desagradable multitud de tentaciones, irritaciones y malos pensamientos para asediarme.» Aquí estaba él, un destacado autor y maestro de la Biblia, luchando contra cosas que no había tenido que enfrentar durante muchos años. Su voz se resquebrajó levemente al relatar su horror al ser tentado a blasfemar, algo que nunca había surgido en toda su vida, ni siquiera antes de ser cristiano.

«¿Cómo es posible?», clamó al Señor. «Después de tantos años de servicio cristiano y estudio minucioso de la Biblia, ¿cómo puede ser que esté en una batalla tan desesperada?»

Al buscar al Señor, Dios le hizo ver que su naturaleza humana en verdad nunca cambió. Desde luego que «si alguno está en Cristo, es una nueva creación» (2 Corintios 5:17), pero solo porque *Cristo* mora en su interior como Salvador y Ayudador.

Esa tarde, estacioné junto a la acera y lloré. Uno de mis héroes de la fe me sorprendió con su vulnerabilidad. Asimismo, tuve que admitir que Jim Cymbala como hombre nunca cambió: el «viejo hombre», la carne, mi naturaleza pecaminosa. Sin la gracia y el poder de Dios, también era un caso perdido.

A decir verdad, Dios nunca obra con nuestra «carne» o vieja naturaleza; es muy grande la depravación. De ahí que nunca deja de hacernos falta el poder del Espíritu Santo durante todo nuestro peregrinaje aquí en la tierra. Nunca llegamos al punto de poder vivir en victoria apartados de su gracia diaria en nuestra vida. Solo el Espíritu puede producir *su* fruto en y a través de nosotros convirtiéndonos en las personas que Dios quiere que seamos. Y Dios debe mostrarnos con regularidad cuán necesitados estamos.

El gran apóstol Pablo debió aprender esa aparente contradicción de la fortaleza de Dios que surge de la debilidad personal. Él escribe en 2 Corintios 12:9-10 que el Señor «me dijo: "Te basta con mi gracia, pues mi poder se perfecciona en la debilidad." Por lo tanto, gustosamente haré más bien alarde de mis debilidades, para que permanezca sobre mí el poder de Cristo. Por eso me regocijo en debilidades, insultos, privaciones, persecuciones y dificultades que sufro por Cristo; porque cuando soy débil, entonces soy fuerte.»

Si solo atacamos los síntomas de la incredulidad —los diversos brotes de pecado— nunca llegaremos a la raíz del asunto. La predicación legalista nunca produce verdadera espiritualidad.

Aquí Pablo no está intentando ser excesivamente humilde o menospreciarse. Ha descubierto el secreto de que fuimos creados con el único fin de ser vasijas receptoras, no para tener ninguna fortaleza propia sino solo depender de Dios para que nos llene cada hora de todo lo que necesitamos. Él también sabía que Dios usa las dificultades y pruebas de todo tipo para aguzar esa sensibilidad de modo que por fe podamos valernos de los recursos divinos.

No se dé por vencido hoy por sentirse demasiado débil y abrumado; ese es el punto exacto en que el poder divino podrá sostenerlo si solo cree y clama al Señor en una total dependencia. Creer en Dios con la fe de un niño no solo es lo que le agrada, sino que también es el secreto de nuestra fortaleza y poder.

«¡Socorro, Señor!»

Si solo atacamos los síntomas de la incredulidad (por ejemplo, los diversos brotes de pecado en nuestras iglesias), nunca llegaremos a la raíz del asunto. Por eso la predicación legalista nunca produce verdadera espiritualidad. Puede aparentar lograrlo por el momento, pero no puede durar. Los cristianos se vuelven fuertes únicamente al ver y comprender la gracia de Dios, la cual se recibe por fe.

Hace unos años, había salido a caminar con mi nieta Susie cuando apareció un par de hombres indigentes que se dirigía hacia donde estábamos nosotros. Su aspecto desaliñado le producía miedo. En su pequeña mente, pensó que estaba a punto de ser lastimada. Ya me tenía de la mano, pero instantáneamente sentí que se apretaba contra mi a la vez que se aferraba a la pata de mi pantalón. «¡Papa!», me susurró.

Por dentro, mi corazón se desbordaba. Ese reflejo instantáneo de extenderse buscando mi ayuda significaba que ella pensaba que yo podía hacerle frente a cualquier cosa y a todo. Este era un regalo más precioso que cualquier suéter que pudiera regalarme para Navidad. Me mostró que tenía una profunda fe en mí. Yo la socorrería. Supliría su urgente necesidad. La cuidaría.

Justamente es eso lo que deleita el corazón de Dios. Cuando corremos hacia él y nos apoyamos sobre él creyen-

do en oración, él se regocija. Él no quiere que salga por
cuenta propia e intente ganarme sus estrellas de mérito
para poner en mi cuaderno. Más bien desea que nos aprete-
mos a él, que caminemos junto a él lo más cerca posible. No
se interesa tanto en lo que *hacemos* sino en que primero *re-
cibamos* de él. Al fin y al cabo, ¿qué podemos hacer o decir o
conquistar sin primero recibir gracia del trono de Dios para
brindarnos oportuno socorro en nuestro tiempo de necesidad (Hebreos 4:16)? Y todo eso que recibimos sucede a través de la fe.

Es posible que hoy en su vida haga falta detener toda
lucha que se hace por fuerza propia. Afloje, y clame a Dios
con una fe sencilla. Recuerde que nunca ha quedado nadie
desilusionado al poner su confianza en él. A lo largo de toda
la historia de la humanidad no ha habido una sola persona
que haya dependido de Dios para luego descubrir que Dios
lo había defraudado. Nunca. ¡Ni una sola vez!

Enfréntese al hecho obvio de que el problema o la necesidad es demasiado grande para que usted se encargue
de él. Use el hecho mismo de su ineptitud como un tram-
polín hacia una nueva y plena confianza en sus promesas
infalibles.

> Por eso los fieles te invocan
> en momentos de angustia;
> caudalosas aguas podrán desbordarse,
> pero a ellos no los alcanzarán.
> Tú eres mi refugio;
> tú me protegerás del peligro
> y me rodearás con cánticos de liberación.
>
> El SEÑOR dice:
> «Yo te instruiré,
> yo te mostraré el camino que debes seguir;
> yo te daré consejos y velaré por ti.
> No seas como el mulo o el caballo,
> que no tienen discernimiento,
> y cuyo brío hay que domar con brida y freno,

para acercarlos a ti.»

Muchas son las calamidades de los malvados,
pero el gran amor del SEÑOR
envuelve a los que en él confían.

¡Alégrense, ustedes los justos;
regocíjense en el SEÑOR!
¡Canten todos ustedes,
los rectos de corazón!

Salmo 32:6–11

Segunda parte

CÓMO SUPERAR
LAS BARRICADAS

CUATRO

Libre de un pasado doloroso

T ODA ESTA CONVERSACIÓN acerca de la fe y las promesas de Dios es maravillosa, pero he aprendido que en algunos casos puede caer sobre oídos sordos. Muchas personas tienen cicatrices del pasado. La vida no ha sido buena con ellas. La idea de que Dios pueda obrar de manera poderosa en bien de ellas enseguida les parece algo demasiado bueno para ser verdad. *Quizá a algún otro, pero no a mí. Otros pueden recibir respuesta a sus oraciones, pero yo no. A esta altura no hay gran cosa que pueda cambiar mi vida. Ya ha sucedido demasiado, hay demasiadas cosas que han salido mal...*

Cuando conozco a una persona de este tipo, siempre pienso en un secreto especial en la vida de José. Aun cuando hayan escuchado esta historia con anterioridad, la vuelvo a repasar, contándoles cómo José creció en lo que hoy denominaríamos una clásica «familia disfuncional». La mayoría de las circunstancias en su niñez estaban fuera de su control. Al fin y al cabo, era el penúltimo de doce hijos... estaba hacia el final de la fila.

Su padre, Jacob, lo prefería. Por algún motivo, José tenía algo que hacía sonar una cuerda tierna en Jacob. Después de todo, el muchacho había nacido en una época tardía en su vida, y era el primogénito de su amada esposa, Raquel, al cabo de una larga espera.

Para José, toda esta atención resultó ser una maldición en lugar de ser una bendición. La túnica especial que su padre le regaló hizo que se convirtiera en un joven marcado. Cuanto más hacía Jacob por él, más lo aborrecían sus hermanos. Los hermanos tienen un modo de captar cualquier desigualdad; la notan enseguida, y la resienten.

Cuando José tenía diecisiete años, informó a su padre de la mala conducta de algunos de sus hermanos en el campo (véase Génesis 37:2). Es obvio que eso no mejoró la situación. A nadie le agrada un soplón, en especial cuando es el preferido del padre.

Además de todo esto, Dios empezó a darle sueños respecto del futuro. José no había pedido esto; sencillamente sucedió así. Por causa de su juventud, cometió el error de hablar acerca de sus sueños: los manojos de grano que se inclinaban ante el manojo de él, y el sol, la luna y las estrellas que se inclinaban ante él. Con este último, incluso su padre se molestó. «¡Contrólate, hijo!», dijo Jacob (estoy parafraseando). «¿Qué intentas decir, que tú controlarás a toda la familia? ¿Que tu madre y yo y todos tus hermanos nos inclinaremos ante ti?»

«No sé lo que significa, papá. Solo te estoy diciendo lo que vi.»

Es obvio que su familia no marchaba libre de problemas. Todos los que hemos tenido momentos difíciles al crecer, todos los que hemos sido lastimados por un miembro de la familia, podemos entender. Los hermanos de José nada bueno veían en él y nunca dijeron siquiera una palabra bondadosa. Todo esto estaba afectando su tierno corazón.

La historia se complica

UN DÍA, ENVÍAN A JOSÉ a ver cómo están sus hermanos y las ovejas que están apacentando en el campo. Después de hacer un par de paradas, los encuentra cerca de Dotán. Cuando se les va acercando, ellos levantan la vista y ven la túnica de muchos colores. «Allí viene el nene de papá», gruñe uno de ellos. El enojo vuelve a brotar.

Están a solas en las amplias llanuras. Es un entorno ideal para tomar venganza y en cuestión de minutos se empieza a urdir un plan. No se limitarán a ignorarlo, maldecirlo o incluso golpearlo; *esta vez lo matarán.*

En cuestión de segundos lo agarran y le arrancan la túnica odiada. José, que está en los últimos años de su adolescencia, sin duda pelea con vigor. Forcejea, pero es en vano. Es claro que lo superan en número; lo atacan. Varios de ellos tienen la intención de matarlo de inmediato, pero Rubén, el mayor, sugiere que en cambio lo echen en una cisterna, un profundo hoyo en el suelo que retiene agua. Rápidamente se desliza hundiéndose en el pozo de lodo, mientras su corazón late de pánico. Y percibe de cerca el odio de ellos.

José, un joven sensible, en realidad podía escuchar los planes para matarlo que hacían sus hermanos. Imagine el trauma emocional de estar en cuclillas sintiéndose impotente mientras escucha cómo sus propios hermanos hablan de muerte. ¡Qué golpe a su joven mente y corazón!

Mientras tanto, ¡el resto de los hermanos, con frialdad, se sienta a almorzar! (Génesis 39:25).

Mientras están comiendo, se presenta una caravana de mercaderes. Al hermano mayor, Judá, de repente se le ocurre una idea brillante. «Escuchen, será mucho menos sucio, si en lugar de matarlo, sencillamente lo vendemos como esclavo a estos mercaderes. De esa manera podremos sacar algún provecho del asunto.»

Imagine a los hermanos de José extrayéndolo del pozo, sus ropas llenas de lodo si no es que se las han arrancado. Vea sus ojos abiertos en expresión de espanto mientras sus hermanos regatean con los mercaderes: «Muchacho bien parecido, ¿verdad? ¿Cuánto ofrecen por él? ¿Solo doce piezas de plata? Vamos, él vale mucho más que eso. Veinticinco, por lo menos.»

A estas alturas José está atontado. Sus hermanos lo están vendiendo. Continúa el regateo. Al fin acuerdan un precio de veinte piezas de plata. «¡Vendido!»

Él observa cómo cuentan las piezas de plata. Sus ojos se llenan de lágrimas. No puede ser que esté sucediendo esto, ¿o sí? Él no volverá a casa. Extraños lo agarran con rudeza, lo tratan como si fuera un pedazo de carne, y lo empujan hacia su caravana.

(Menos mal que no supo lo que sus hermanos dijeron al regresar a casa y encontrarse con Jacob. «Mira, papá, encontramos la túnica de José toda ensangrentada. Parece que ha sucedido algo terrible.» Y cuando su padre se derrumbó llorando de pena, tuvieron el descaro de simular guardar luto junto con él. «Dios te acompañe, papá. Es difícil, lo sabemos. Era un hermano maravilloso...» ¡Qué grupo encantador de hermanos!)

¿Un futuro al fin?

PERO EN GÉNESIS 39:2 la Biblia dice que «el SEÑOR estaba con José». De algún modo, estando de pie allí en la tarima en el mercado de esclavos egipcio, José acaba siendo adquirido por Potifar, un hombre prestigioso y adinerado.

Empieza a ocurrir algo extraño a medida que pasan las semanas y los meses. Su amo nota que cualquier cosa que toca José parece prosperar. Potifar se da cuenta que puede confiar en su joven esclavo hebreo y en forma gradual le da más responsabilidades. Con el tiempo, lo nombra mayordomo de su casa.

El único problema es que la esposa de Potifar aparentemente tiene otros pensamientos en cuanto a José, que es demasiado joven y guapo para ignorarlo. Ella empieza a asediarlo. Él la rechaza, pero ella no se deja disuadir con facilidad. Ella sigue flirteando con él, hasta que llega el día que su esposo está en el trabajo, nadie más está presente, solo ellos dos. De repente ella extiende su mano hacia él, agarra su túnica e insiste que él ceda a sus deseos.

Pero José no quiere deshonrar a su Dios ni a Potifar su amo cediendo a los deseos de ella. Si él pierde la aprobación de Dios, perderá todo lo que tiene valor en su vida. Rápidamente forcejea liberándose de su túnica, y escapa corriendo.

(Es interesante notar que José parece tener repetidas dificultades con túnicas, ¿no?)

La esposa de Potifar, al ser humillada, empieza a gritar de inmediato: «¡Violación! ¡Violación!» Los otros sirvientes entran corriendo, y al caer la tarde Potifar ha escuchado a través de ella la completa y retorcida versión de la historia. Al día siguiente, la vida de José se desmorona por segunda vez. Lo arrestan sin demora y acaba en la cárcel.

¿Qué piensa ahora? *¿Cómo pudo suceder esto? ¡¿Por qué?!*

Aun en la prisión, Dios está con José. Su talento y honestidad suben como crema a la superficie. El jefe de la cárcel empieza a notar las mismas características que originalmente habían captado la atención de Potifar. En poco tiempo, José queda a cargo de todo su sector de la cárcel. Desde luego que este lugar no es tan lujoso como la casa de Potifar, pero al menos se le da espacio para maniobrar.

---

*José se quedaba despierto
todas las noches pensando en
lo que le había sucedido.
¿Dónde estaba Dios en todo esto?*

Pasan meses. José se queda despierto por las noches pensando en todo lo que le ha sucedido. El desastre ese día en el campo abierto en las afueras de Dotán… el viaje en caravana a Egipto… las esperanzas destruidas cuando trabajaba para Potifar. Ahora es un convicto. Su familia no tiene idea de dónde está, y a la mayoría de ellos no les importa. No existe ningún estatuto legal al cual pueda apelar, ningún abogado asignado por la corte. ¿Dónde está Dios en todo esto? ¿Cómo llegarán a cumplirse esos sueños?

Un día aparece un par de prisioneros nuevos. El faraón se ha irritado con su panadero y su copero, teniendo este último el afortunado trabajo de probar de antemano todo el vino del faraón para asegurarse de que no estuviera envenenado. (¡Qué buena manera de ganarse la vida!) La misma noche ambos tienen un sueño. El del panadero tiene que ver con artículos de panadería, y el del copero está relacionado con vino. Ambos sospechan que los sueños tienen algún significado, pero no pueden descifrarlos.

Entonces José les presenta interpretaciones de parte de Dios; uno tiene un final feliz, el otro desastroso. Y sus predicciones se cumplen.

Cuando el copero sale bailando por la puerta hacia la libertad, José le dice: «Te ruego, amigo... que me recuerdes cuando salgas de este lugar. Estoy cumpliendo una condena por un delito que no cometí. Verdaderamente no merezco estar aquí.»

«Por supuesto. No te preocupes, puedes confiar en mí.»

El corazón de José da un vuelco ante la expectativa. Quizá esta sea su gran oportunidad.

Más oscuridad

RESULTA INCREÍBLE, pero el copero de alguna manera «se olvida». Y durante otros dos años innecesarios, José permanece en su celda.

¿Y nosotros pensamos que tenemos problemas? ¿Las personas se han olvidado de mostrar su aprecio por nosotros? ¿Cómo le gustaría a usted ayudar a alguien como lo hizo José y que él rápidamente se olvidara de que usted siquiera existe?

Luego de dos años, Dios interviene para sobreponerse a la fragilidad humana. Esta vez, el faraón mismo tiene un sueño vívido. En efecto, es una «presentación doble». Primeramente ve siete vacas gordas que salen del Nilo seguidas de siete vacas flacas, que se tragan a las vacas gordas. Luego vuelve a ver aproximadamente lo mismo, solo que esta vez es con espigas.

Pide que vengan los mejores magos y ocultistas de Egipto —una especialidad en la cultura egipcia— y pide que le den una interpretación de lo que ha soñado. Ellos están completamente desconcertados.

Y en un rincón, el copero está murmurando para sí: «Sueños... sueños... ah, ahora recuerdo. ¡Faraón! Hay un joven hebreo en la prisión del cual me olvidé por completo. Él es asombroso en la interpretación de sueños.»

Y es así como José se encuentra ante el trono imperial diciendo: «No soy quien puede hacerlo ... es Dios quien le dará al faraón una respuesta favorable» (Génesis 41:16). Luego procedió a revelar el pronóstico divino para las cosechas de los siguientes catorce años. Los primeros siete años serían de bendición y abundancia, seguidos de siete años de hambre y escasez. José propuso que con una buena planificación adelantada, el faraón no solo lograría impedir el hambre en masa sino que convertiría a su país en el proveedor de alimentos para toda la región.

Ese mismo día José se convierte en el segundo hombre en importancia en todo Egipto. El faraón le otorga inmediatamente la autoridad para preparar la nación para enfrentar el hambre que viene.

Los oficiales de la corte quedaron atónitos de ver que a este hebreo de treinta años, aparecido de la nada, se le daba un anillo real de autoridad, un collar de oro en su cuello, un carro provisto por el gobierno y una túnica de lino. (Finalmente le *devolvieron* una túnica, ¡esta vez una muy costosa!) En cuestión de horas, las personas que estaban en la calle recibieron órdenes de doblar la rodilla cada vez que pasaba su carro.

Las cosechas abundantes empezaron a llegar tal como había anunciado José, y él estaba muy ocupado administrando la abundancia. El cuadro que presentaba todo el asunto del comercio de productos en Medio Oriente era más o menos este. Los gerentes de mayor jerarquía estaban esperando delante de su oficina; los miembros del personal le enviaban informes mensuales. Los graneros, en forma constante, se iban cargando de alimentos para el futuro.

¿Venganza al fin?

¿QUÉ HUBIERA HECHO USTED con todo este poder? ¿Qué haría si fuera José ahora mismo?

Le diré lo que tal vez hubiera hecho yo. Quizá hubiera dicho: «Chofer, hay un par de paradas que necesito hacer. ¿Me hace el favor de llevarme a la casa de la señora Potifar? Hay una cuenta vieja que debo saldar. Esa mujer me mandó a la cárcel durante un período prolongado de mi vida. ¡Al fin ha llegado el momento de vengarme!»

Luego habría vuelto al palacio para decir al faraón: «Le ruego me disculpe, pero necesito una semana de licencia, si me lo permite. Debo ir con un par de escuadrones del ejército hasta Canaán. Hace muchísimo tiempo que les debo una visita a mis hermanos.» Aaah, qué dulce hubiera sido... ¡venganza al fin!

Pero José no lo hizo.

Cuando José cargó en sus brazos a su primer hijito, dijo: «Llamaré a este niño Manasés, porque Dios me hizo olvidar todo el mal que se me ha hecho.»

La Biblia narra que:

Antes de comenzar el primer año de hambre, José tuvo dos hijos con su esposa Asenat, la hija de Potifera, sacerdote de On. Al primero lo llamó Manasés, porque dijo: «Dios ha hecho que me olvide de todos mis problemas, y de mi casa paterna.»

Génesis 41:50-51

Cuando cargó en sus brazos a su primer hijito, le puso el nombre de Manasés, que suena como la palabra hebrea que significa «olvidar». En esos días los nombres no se escogían únicamente por su sonido agradable; siempre tenían un significado.

Le pudo haber puesto a su hijo el nombre «Cosechas» u «Oro» o «Éxito». No lo hizo. En cambio, fijó su atención en la cosa verdaderamente maravillosa que Dios había hecho en su vida. Al estar de pie allí sosteniendo al bebé y pensando en todo lo que había sucedido, destacó lo mejor de todas las bendiciones de Dios y dijo: «Llamaré a este niño Manasés, porque *Dios ha hecho que me olvide* de todos mis problemas.»

No dijo que había aprendido a olvidar. No dijo que se había inscripto en un curso de siete pasos o que había consultado a un siquiatra. En lugar de eso dijo: «*Dios ha hecho que me olvide.*» Dios aún puede tocarnos de manera sobrenatural donde ningún terapeuta puede alcanzar.

José no se refería a la amnesia. Los hechos no se borraron de su memoria. Sin embargo, Dios les quitó el dolor. Ya no había amargura. La tentación de un espíritu malvado fue vencida. La agudeza, el filo se borró. Dios limpió de la mente de José todos los residuos que naturalmente se hubieran enconado por causa de los malos tratos sufridos. ¿Qué felicidad podría haber derivado de su posición y su riqueza si hubiera sido un hombre amargado y enojado?

Quiero que sepa que, sin lugar a dudas,
Dios puede hacer que olvide. Él no borra
el registro de los sucesos, pero puede
liberarlo de la parálisis del pasado.

Una de las formas sutiles que usa Satanás en la actualidad para estorbarnos es hacer sonar en nuestras mentes grabaciones desagradables una y otra vez. Las personas se acuestan por las noches y se proyectan antiguos videos en la pantalla interior de su corazón. Salen en sus automóviles y miran por la ventanilla sin ver nada; en cambio, se quedan pensando en la ocasión que alguno los lastimó, se aprovechó de ellos, los hizo sufrir. Palabras dañinas pronunciadas por otros se oyen una y otra vez. Escenas horribles se repiten hora tras hora, día tras día, año tras año.

Es posible que a usted le persigan capítulos dolorosos de su pasado. Quizá le hayan sucedido cosas infernales. Tal vez muchas de ellas escapaban a su control. Sea cual fuere el caso, quiero que sepa que, sin lugar a dudas, Dios puede hacer que olvide. Él no borra el expediente de los sucesos, pero puede liberarlo de la parálisis del pasado.

Antes le conté acerca de Amalia, pero su historia no termina allí. Recuerdo que en los primeros meses de su andar con el Señor, yo subía a la plataforma cada domingo, levantaba la vista y la veía en el mismo asiento del balcón. Mi corazón se regocijaba al verla con las manos levantadas alabando al Señor y luego escuchando atentamente la Palabra de Dios.

Cada lunes por la noche estaba en un grupo hogareño de discipulado. El cambio fue dramático.

Luego, un domingo unos meses después… no estaba allí. Me preocupé. En silencio oré: *¡Oh Dios, cuida de Amalia!*

El domingo siguiente, estaba de vuelta. La vi en el vestíbulo.

—Hola, pastor Cymbala —me dijo con una gran sonrisa en el rostro.

—Hola, Amalia. Te extrañé el domingo pasado. ¿Está todo bien?

—Sí, estuve de viaje. Usted predicó algo sobre el amor de Dios y el perdón; así que fui en autobús al lugar en el norte del estado donde vive mi padre.

¿Su padre? Quedé sorprendido de que siquiera lo mencionara.

—Sí, tenía que hacerlo. Él ahora vive allí con su hermana, sentado en una pequeña casa rodante en el campo bebiendo cerveza día tras día. Me obligué a visitarlo después de tantos años.

—¿Cómo te fue? ¿Qué le dijiste? —le pregunté—. Nunca me imaginé que visitarías ese lugar.

—Estaba muy nerviosa. Finalmente, después de la cena, le dije: "Papá, hay algo que necesito hablar contigo. Quiero que hablemos en serio. He estado recordando las cosas que sucedieron cuando era niña. Esos años fueron muy difíciles y debo admitir que te odiaba…"

»"Ah, no te preocupes por eso", me interrumpió él. "Eso pasó hace mucho tiempo; no hace falta que hablemos de ello ahora".

Amalia sintió que otra vez crecía el enojo en su interior, pero mantuvo la compostura. Siguió hablando:

—"Sí, es necesario que hablemos, papá. Verdaderamente me dolió, y muchas veces quise matarte... Sin embargo, este fin de semana he venido porque quiero decirte que ahora soy cristiana. He entregado mi corazón al Señor y él me cambió la vida.

»Solías estar en todas mis pesadillas. Antes pensaba en ti todos los días. Pero ahora, Dios me ha hecho olvidar... Papá, lo que hiciste estuvo mal. Pero ya no te odio. Te perdono. Papá, Dios puede cambiar tu vida y perdonarte también. Te quiero..."

El hombre se retorcía en su silla al escuchar las palabras que le decía su hija adulta. Rápidamente encontró una manera de desviarse del tema y aligerar la atmósfera. Nunca le pidió perdón; resultó ser una conversación de una sola vía, lo cual fue una gran desilusión para Amalia. El resto de su breve visita pasó sin que se diera el adelanto o la reconciliación que ella esperaba.

Sin embargo, regresó a casa sintiendo paz en el alma por haber hecho lo que ella sabía que era correcto. Y la semilla de la Palabra de Dios había sido sembrada.

Tiempo de olvidar

LO ÚNICO QUE PERMITIÓ que Amalia hiciera eso es el hecho de que Dios es el Dios de Manasés, el Dios que puede hacernos olvidar.

Si usted está paralizado por su pasado, si Satanás está destruyendo sus dones y su llamado por su incesante repetición de viejas grabaciones, usted en realidad está sufriendo un ataque doble. El daño original en el pasado es una cosa, pero ahora está permitiendo que otra vez lo lastime, limite y desvíe la memoria de lo que sucedió.

Piense en todas las personas en la iglesia hoy que cargan con un «estado de tensión», una especie de ira interior o constante irritabilidad. Piense en otros que parecen tener una perpetua depresión en su espíritu por causa de algo que sucedió alguna vez en algún lugar. Los recuerdos desagradables parecen ser cadenas que los rodean. No debiéra-

mos ignorar las maquinaciones de Satanás, y esta es una
de las armas principales en su arsenal.

Dios quiere recordarle hoy que el mismo Dios que ha
tratado con cada pecado y mala obra que usted alguna vez
cometió tiene la habilidad de hacerlo olvidar las cosas negativas e hirientes en su vida. La gracia de Dios puede vencer el poder que tienen de producirle angustia.

*El pueblo de Dios ha descubierto que
la fruta más preciosa a menudo crece
en medio de dificultades abrumadoras.
La fe crece mejor en los días nublados.*

Cuando vino el segundo hijo de José, escogió otro nombre con significado.

Al segundo lo llamó Efraín, porque dijo: *«Dios me ha
hecho fecundo en esta tierra donde he sufrido.»*
Génesis 41:52

Dios le enseñó que si uno pone su vida en las manos de
él, el peor daño puede convertirse en algo bueno. Es posible
ser fructífero en el ámbito espiritual incluso en el sitio más
difícil. A decir verdad, el pueblo de Dios ha descubierto que
la fruta más preciosa a menudo crece en medio de dificultades abrumadoras. La fe crece mejor en los días nublados.
Nunca olvide el nombre de *Efraín*: «fecundo *en* la tierra
donde he sufrido».

Cada uno de nosotros ha tenido experiencias dolorosas
en la vida. Si usted vive y respira, ¡alguien alguna vez lo ha
lastimado! En una ciudad como la mía, el comportamiento
desagradable está en todas partes. Pero no es necesario
vivir en la ciudad de Nueva York para ser lastimado. A menudo puede provenir de su familia, sus suegros o personas
que usted quiere de verdad.

Si vive en ese dolor, si esas grabaciones se repiten una y
otra vez, quedará paralizado por causa de ellas. Cada vez
que el Espíritu Santo lo impulsa para que dé un paso en fe

y haga algo que Dios quiere que haga, esta extraña atadura al pasado le impedirá que alcance lo mejor de Dios para su vida.

¿Cree que Dios puede liberarlo, o acaso seguirá siendo víctima de su pasado? Dios es el Dios de Manasés. Él puede hacer que usted olvide. Acérquese confiadamente al trono de la gracia y pídale esa gracia para que le sea de ayuda donde la necesita.

¿Puedo confiar en que Dios me guiará?

Tal vez no resulte obvio a primera vista, pero nuestro modo de tomar decisiones en la vida dice mucho acerca del tipo de fe que tenemos en Jesucristo. El proceso en sí de tomar decisiones a menudo revela nuestra «temperatura de fe». ¿Qué nos enseña la Biblia con respecto a este tema fundamental?

Algunas decisiones, por supuesto, tienen que ver con cuestiones *morales*. Por ejemplo, ¿debo robarle artículos de oficina a mi patrón? No es necesario que oremos por esta cuestión, basta con leer la Biblia. No hay necesidad de decir: «Señor, ¿está bien que tenga esta mala disposición para con mi adolescente?» La Biblia ya nos lo dice.

Mentir está mal, no hace falta que le pida a Dios una revelación especial en cuanto al asunto. Lo mismo es verdad en lo que respecta al odio, el prejuicio, casarse con un inconverso. Las mujeres jóvenes enamoradas a veces dicen a sus pastores: «Ahora no es cristiano, pero el Señor me mostró que se convertirá después de la boda.» Esa palabra no puede venir de Dios, ya que viola su verdad revelada en las Escrituras. Si algo es contrario a la Biblia, está mal. No pierda su tiempo orando al respecto. Dios nos dio una «carta» muy larga con todo tipo de instrucciones morales. ¡Sencillamente debemos leer la carta!

Cada decisión moral, cada supuesta manifestación del Espíritu, cada sermón de un predicador por astuto o carismático que sea, debe ser juzgado por la Palabra de Dios. Eso es lo que da forma a nuestra teología y práctica, y no la tradición religiosa ni la filosofía secular.

La norma olvidada

UNA VEZ TRAS OTRA quedo sorprendido al viajar por todo el país y conocer cristianos que no usan la Biblia como la guía y meta en su búsqueda de las cosas espirituales. En lugar de eso, las personas meramente siguen la cultura espiritual particular en la que nacieron, sin compararla atentamente con el modelo bíblico. A decir verdad, muchos se dedican a perpetuar su manera de hacer las cosas como si la hubieran encontrado en la Biblia misma. Su fe está rancia porque se apoyan en otra cosa que no es el Dios viviente que se nos revela a través de la Biblia.

Le doy una analogía: Nací en un hospital de Brooklyn de madre polaca y padre ucraniano. Yo no pedí que mis padres fueran de Europa oriental, no pedí ser blanco. Eso sencillamente fue un hecho fortuito de mi nacimiento. No tiene sentido dar gran importancia al color que tengo o a mis antecedentes étnicos, solo se trata de la manera providencial en que llegué a este mundo. Cuando las personas se enorgullecen de estas características, se trata en verdad de una extensión de su propio ego. Si hubieran nacido de otro color o hubieran sido criados en otro país, se jactarían de eso.

Ocurre lo mismo en cuanto a las circunstancias que rodean nuestro nacimiento espiritual. Por casualidad la iglesia o denominación donde empezamos fue el lugar donde estábamos al momento de recibir la salvación de Dios. Pero así como ocurre con nuestro nacimiento natural, nuestro entorno inicial dio forma de largo alcance a nuestra comprensión de las cosas. Nuestra primera atmósfera de iglesia, con sus pastores y maestros, establecieron en forma automática las definiciones de muchas palabras clave como *oración, adoración, iglesia, evangelización, poder de Dios, fe,* incluso *cristiano.* Al principio, esos conceptos no los aprendimos tanto de las Escrituras sino más bien de lo que veíamos a nuestro alrededor en la iglesia. Sin querer, absorbimos un entendimiento presbiteriano o bautista o nazareno o pentecostal de esas palabras importantes.

Cuando me presente delante de Dios
no se me preguntará: «¿Fue usted un
buen evangélico?» ni «¿Fue usted un buen
carismático?» Lo que importará de veras
será determinar si con sinceridad
permití que la Palabra de Dios
formara mi manera de pensar.

En la actualidad, esas impresiones aún nos vienen a la mente cada vez que experimentamos lo que encierran aquellas palabras, ya sea que Dios lo haya querido así o no. Así que en lugar de presentarnos a las Escrituras como un niño diciendo: «Enséñame, Dios», nos ponemos a buscar nuevos argumentos que respalden las ideas que ya hemos abrazado. Con demasiada frecuencia nuestra meta principal es perpetuar las tradiciones que nos han transmitido nuestros mayores. En realidad no somos muy abiertos al cambio y al crecimiento.

La pequeña iglesia en la que mis padres me llevaban durante mi niñez tenía algunas cualidades muy buenas, pero también era un grupo compuesto casi exclusivamente de blancos, en su mayoría de Europa oriental, en medio de Bedford-Stuyvesant, ¡uno de los barrios de negros más conocidos de los Estados Unidos! Y era claro que los miembros de esa iglesia querían que permaneciera así. No parecían tener interés alguno en recibir en la iglesia a personas que eran «diferentes».

A pesar de que aprendí allí muchas verdades de la Biblia, ¿debiera ahora dedicar mi vida a intentar replicar esa tradición solo porque allí fue donde empecé a aprender de Jesús? Cuando me presente delante de Dios, no se me preguntará: «¿Fue usted un buen evangélico?» ni «¿Fue usted un buen carismático?» A decir verdad, Dios no reconoce nuestras divisiones. Nos llama a ser semejantes a Cristo en lugar de ser un buen miembro de alguna denominación fabricada por el hombre.

Lo que importará de veras será determinar si estudiamos con sinceridad la Palabra de Dios y permitimos que formara nuestro pensar y nuestros valores espirituales. Esta es una de las grandes batallas en la vida cristiana: abordar la Biblia sin suposiciones previas, permitiendo que ella nos forme en lugar de que ocurra al revés.

Me encanta lo que en el 1700 dijo el gran Juan Wesley, catalizador del despertar metodista: «Ojalá que todos los nombres partidarios y frases y formas no bíblicas que han dividido al mundo cristiano fueran olvidados... Me produciría gozo... que el nombre mismo [metodista] nunca se volviera a mencionar, fuera enterrado en el olvido eterno.»[1] Un siglo más tarde, el igualmente grande Charles Spurgeon, príncipe de los predicadores bautistas, dijo desde el púlpito: «Yo digo que el nombre bautista perezca, pero que el nombre de Cristo perdure por siempre. Aguardo con expectativa y placer la llegada del día en que ya no haya ningún bautista.»[2]

Este tipo de plática puede pinchar algunos globos, pero aquí está la verdad: ¡Ni sus antecedentes personales ni los míos constituyen la norma! Lo que debemos buscar es lo que enseña la Biblia. Cada vez que alguno de nosotros se topa con algo nuevo o diferente, no debiera preguntarse: «¿Estoy acostumbrado a esto cuando asisto a la iglesia?», sino más bien: «¿Se encuentra esto en la Biblia?»

¿Qué pasa con las áreas grises?

OTRAS DECISIONES EN LA VIDA no tienen que ver con asuntos morales de por sí, sino que sencillamente necesitan un *razonamiento santificado*.

Por ejemplo, la Biblia no dice de manera explícita que todos los días debe ser puntual al presentarse a trabajar. Pero si usted entiende los principios de Dios en cuanto a la siembra y la cosecha, será puntual. También, usted debe cumplir con su trabajo como si sirviera al Señor mismo.

La Biblia no le dice cómo responder a su cónyuge en cada situación. Pero si su cónyuge está molesto y desanimado, es sabio brindarle su consuelo y apoyo.

Ahora bien, con este fundamento, ¿qué pasa con el tercer tipo de toma de decisiones: esas situaciones importantes en las que no se cuenta con un elemento correcto o incorrecto, y no hay pasaje bíblico que se aplique directamente? Hay muchas encrucijadas en el camino en la que debemos tomar una decisión. ¿Qué hemos de hacer si queremos la voluntad de Dios en todo?

Hoy en día hay muchos que están tomando estas decisiones sin que se les pase por la mente buscar a Dios. Piensan que mientras no mientan, maten, roben ni cometan adulterio, están dentro de la voluntad de Dios. Pasan a tomar otras decisiones importantes en la vida basadas en el sentido común… o a veces ni siquiera en eso. Sencillamente: «¡Me dio la gana!» «Mis amigos lo hacen.» «Mi mundo lo llama "éxito".»

Cuando excluimos a Dios de estas decisiones, en realidad no estamos andando en fe. En lugar de aprovechar los grandes recursos de la sabiduría de Dios, confiamos en meras ideas humanas.

¿No le parece tonto pensar que el Dios que dio a su propio Hijo por nosotros no se interesa también en los detalles de su vida?

Un creyente lleno de fe orará con sinceridad hasta descubrir la voluntad de Dios para cosas tales como:

- Cambiar de trabajo
- Tratar con un hijo difícil
- Escoger una escuela para sus hijos
- Mudarse. Cuando a usted se le ofrece un trabajo en otro estado, ¿acaso es solo cuestión de ganar más dinero? ¿Ver un folleto brillante donde hay mucha hierba verde? ¿Trepar la escalera de su profesión u oficio?

- Saber con cuál creyente se debe casar. (Sugerencia: ¡Quizá no encuentre su nombre en la Biblia!)
- Comprar una casa. Dios tiene un plan para nuestras vidas que es tan detallado como para cualquier persona de la Biblia. Nos quiere proteger de estar en el lugar equivocado en el momento equivocado.
- Participar de algún ministerio en la iglesia, como por ejemplo el coro, el ministerio de jóvenes o la educación cristiana.

Dios desea guiar a los suyos. ¿A qué padre no le gustaría? Pero él no guía a los que están en desobediencia.

El omnisciente creador del universo *quiere* mostrarnos el camino a seguir en estas cuestiones. Él tiene un plan respecto a dónde nos corresponde estar y dónde no. Por lo tanto debemos procurar su dirección.

Un corazón que busca a Dios

DAVID ES UNO DE LOS MEJORES ejemplos bíblicos de una persona piadosa que buscaba hacer la voluntad de Dios cuando se enfrentó a una pregunta importante en Queilá. Esta historia poco conocida aparece en 1 Samuel 23, durante ese tiempo David huía del rey Saúl. Ya tenía bastantes dificultades intentando proteger del ejército israelita a su modesta banda de hombres, pero luego llegó palabra de que los filisteos amenazaban a esta ciudad en particular.

Empezó en el versículo dos al preguntarle a Dios: «¿Debo ir a luchar contra los filisteos?» Nótese que no dio por sentado que por el simple hecho de haber sido una vez ungido por el profeta de Dios, podía vencer en cualquier momento y en cualquier lugar. Él sabía cuán importante era ser guiado por el Señor en cada situación nueva. No se presentaba en forma automática en cada situación de batalla.

Esto también es cierto para nosotros en la actualidad. No se requiere en forma automática que respondamos a cada causa cristiana ni a cada pedido de dinero, por buenas que sean sus intenciones.

Si escogemos hacer un giro hacia la izquierda cuando Dios quiere que vayamos a la derecha, no podemos esperar que Dios respalde los planes que hicimos por cuenta propia.

David también sabía que si Dios lo conducía hacia una situación, la provisión de Dios vendría después. Dondequiera que nos conduzca Dios, hay una sombrilla de protección y provisión que se mantiene sobre nuestra cabeza. Debajo de esa sombrilla encontramos los recursos divinos de sabiduría, gracia, finanzas y todas las otras cosas que necesitamos para hacer lo que Dios nos ha pedido.

Eso no significa que no habrá problemas y dificultades. Pero dondequiera que el Señor nos guíe, necesariamente deberá ayudarnos.

Sin embargo, la sombrilla solo va a los lugares en que Dios nos guía. Si escogemos girar hacia la izquierda cuando Dios quiere que vayamos a la derecha, no podemos esperar que él respalde los planes que hicimos por nuestra cuenta.

Los cristianos de hoy están demostrando esta verdad a cada rato. Intentan hacer que la sombrilla los siga al tomar decisiones unilaterales en la vida, y esto no da resultado. El simple hecho de haber declarado que es cristiano no significa que Dios tiene la obligación de suplir en forma divina sus necesidades mientras usted hace lo que le parece.

El coro de Brooklyn Tabernacle ha grabado una canción basada en Salmo 119:133 que dice: «Ordena mis pasos con tu Palabra, Señor. Conduce y guíame cada día... Con humildad te pido, enséñame tu voluntad; cuando tú obras hazme callar... Ordena mis pasos con tu Palabra.» Un ministro de música de una iglesia le dijo recientemente a mi esposa que a pesar de que en lo personal la canción le era de bendición, su pastor principal le había pedido que no la usara porque «cuando se tiene la palabra de fe, no es necesario pedirle a Dios que le guíe los pasos». En otras palabras, ¡uno es tan macho en lo espiritual que puede hacer cualquier cosa que se le ocurra y Dios debe seguirnos la corriente!

Esto no está de acuerdo con la Biblia. No se le puede decir a Dios qué hacer y dónde ir. Esa es pura arrogancia espiritual. Con cuánta facilidad nos olvidamos que no somos el centro del universo; Dios lo es. Nunca debemos olvidar el hecho de que «el mundo se acaba con sus malos deseos; pero *el que hace la voluntad de Dios* permanece para siempre» (1 Juan 2:17).

David era «un hombre conforme al corazón de Dios» (véase 1 Samuel 13:14; Hechos 13:22) porque con humildad pedía la dirección de Dios para su vida diaria. Sabía que si no contaba con la sombrilla de la provisión de Dios, no tenía por qué enredarse con los filisteos en las afueras de Queilá. Preguntó cuál era el plan de Dios, y en este caso Dios dijo que sí, adelante.

Aun así, David volvió por segunda vez, según el versículo 4. «Dios, mis hombres no están muy entusiasmados con esta idea. Dicen que ya bastante preocupación tenemos con el rey Saúl que nos está persiguiendo, así que ¿por qué ahora se me ocurre hacerles frente a los filisteos? ¿De verdad debo hacer esto? ¿Verdaderamente he escuchado tu voz?»

La respuesta volvió a ser sí. «Ponte en camino y ve a Queilá, que voy a entregar en tus manos a los filisteos» (1 Samuel 23:4).

Una de las primeras reglas de la guía espiritual es suponer que existe la posibilidad de que estemos equivocados.

Este incidente nos recuerda que una de las primeras reglas de la guía espiritual es suponer que existe la posibilidad de que estemos equivocados. David fue lo suficientemente humilde para decir en su interior: «Es posible que haya escuchado mal a Dios. Será mejor que lo confirme otra vez.» No simuló estar en comunicación constante con Dios las veinticuatro horas del día, y por lo tanto más allá de toda posibilidad de error.

Recuerdo que hace unos cuantos años leí acerca de un teleevangelista al que un reportero de una de las revistas nacionales de noticias le preguntó: «¿Qué haría usted si sintiera que Dios le dice que haga algo y toda su junta directiva le dice que no?» El predicador sin demora se jactó diciendo: «Despediría a toda la junta.» Sonaba a fe viva, pero lo que en realidad decía era que nunca podía equivocarse. Poco después, el ministerio de ese hombre se desmoronó en medio de un escándalo.

No es señal de debilidad buscar confirmación. A decir verdad, a menudo es una buena idea tener un compañero de oración, o llamar a un pastor, que pueda validar lo que usted percibe como la voluntad de Dios al buscar al Señor.

La primera vez que supe del teatro de cuatro mil asientos en el centro de Brooklyn que estaba a la venta y que posiblemente pudiera resolver los problemas de espacio que enfrentaba nuestra iglesia, me entusiasmé. A pesar de que el edificio estaba muy deteriorado y harían falta millones para su restauración, me era posible ver el potencial de que esto se convirtiera en el nuevo Brooklyn Tabernacle.

Sin embargo, pronto les dije a mis pastores asociados: «Vayan a verlo ustedes mismos y luego oren. Solo si los seis sienten que Dios nos conduce en esta dirección, presentaremos el asunto ante la congregación.» ¿Acaso Dios ocultaría un asunto tan importante de mis compañeros líderes y solo me lo revelaría a mí? No lo creo. Incluso traje a otros ministros que respeto, como por ejemplo David Wilkerson, para que lo vieran también. Quería confirmación de que Dios nos conducía en esta dirección.

Con el tiempo todos sentimos un acuerdo en nuestro espíritu que nos confirmó que este paso era el indicado. A pesar de que el precio era enorme, seguimos adelante con fe y seguridad.

La historia de Queilá nos muestra que David estaba firmemente convencido en su corazón y su mente de lo que escribió en el Salmo 25:9: «Él dirige en la justicia a los humildes, y les enseña su camino.» En otro lugar, David escribió: «¡Este Dios es nuestro Dios eterno! ¡Él nos guiará para siempre! (Salmo 48:14). Como resultado, David triunfó sobre los filisteos y libró a Queilá. Obtuvo un gran botín. Dios proveyó protección y éxito para él. Todo esto sucedió porque buscó al Señor. Vivía por fe y no por la vista.

Más decisiones

PERO LUEGO EL REY SAÚL, que vivía en el peor tipo de ilusión espiritual, escuchó que de repente David se había vuelto vulnerable a la captura porque se había metido en una ciudad amurallada en lugar de permanecer afuera en el terreno escarpado. Por este motivo, en el rostro de Saúl se dibujó una gran sonrisa. ¡Ahora estaba tan engañado en su corazón que incluso atribuyó estos acontecimientos al Señor! «¡Dios me lo ha entregado!», dijo él (1 Samuel 23:7).

Obviamente Dios no había hecho nada por el estilo. Las personas que no se mantienen en oración ni se entregan a la voluntad de Dios pueden arribar a todo tipo de conclusiones erradas. Aquí Dios estaba protegiendo a David de él, y Saúl no tenía la más mínima idea de eso.

Inmediatamente Saúl convocó a su ejército para salir a capturar a su adversario. Pero David seguía buscando la voluntad del Señor. «Dios, he escuchado que viene Saúl, pero no estoy seguro. ¿Es verdad que viene?»

Respuesta: *Sí.*

La siguiente pregunta fue «¿Me protegerá el pueblo de Queilá, ya que acabo de salvarles el pescuezo? ¿O acaso me lanzarán al otro lado del muro entregándome a Saúl?»

Respuesta: *Te entregarán.*

De modo que David reunió a sus hombres, y rápidamente abandonaron la ciudad.

¿No le parece maravilloso que Dios incluso pueda mostrarnos quiénes son nuestros verdaderos amigos y quiénes no son dignos de nuestra confianza? Él nos puede advertir sobre lo que otras personas hacen a nuestras espaldas.

Así fue que Saúl fracasó en su intento de atraparlo. En otras palabras, el éxito no es con ejército ni por la fuerza ni con computadoras ni con coeficiente intelectual, sino por el Espíritu de Dios (véase Zacarías 4:6). El rey Saúl tenía mejores armas y un ejército mucho mayor. Sin embargo, David contaba con la dirección del Espíritu Santo. Él estaba en contacto con el Rey de reyes.

¿Aún nos guía Dios?

EN LA IGLESIA DE HOY se sufre de una seria escasez de fe en un Dios vivo que habla. Millones de pastores y laicos por igual no parecen creer que Dios de verdad guía y dirige hoy. Investigaciones llevadas a cabo por George Barna revelan que ¡menos de un diez por ciento de los cristianos que asisten a la iglesia toma decisiones importantes en la vida basándose en la Palabra de Dios y buscando su voluntad! En otras palabras, más de noventa por ciento toma sus decisiones, basándose en su propia inteligencia, opinión de sus pares, antojo o capricho. Se casan con alguien y se mudan a nuevas ciudades sin siquiera hacer una oración de diez minutos. Sin embargo, cada domingo se sientan en los bancos de la iglesia cantando canciones como «Seguiré do tú me guíes».

Demasiados líderes de iglesia, al quedar desencantados por el fanatismo de ciertos sectores, han dejado de creer por completo en un Espíritu Santo activo. Se ha botado la fruta fresca junto con la podrida.

Demasiados líderes de iglesia, al quedar desencantados por las declaraciones exageradas y el fanatismo de ciertos sectores, han dejado de creer por completo en un Espíritu Santo activo. Se ha botado la fruta fresca junto con la podrida. La mención del Espíritu Santo que guía a las personas es motivo de burla. Si alguien dice hoy lo mismo que dijo Pablo en Hechos 16, concretamente, que el Espíritu quería que fuera a una ciudad en lugar de otra, dicha persona es vista como excéntrica. Somos fuertes en lo que respecta a presentar la corrección de nuestras posturas doctrinales, pero débiles en cuanto a hacer énfasis en la necesidad diaria de recibir la guía del Espíritu de Dios.

Quiero afirmar que Dios no está muerto; en verdad, se comunica hoy. Se interesa en cada parte de su vida, su hogar, sus finanzas, todo tipo de decisiones... y no solo las de orden moral. Sus ojos siempre están dirigidos hacia usted. Desea guiarle. Pero es necesario que crea que en realidad le hablará cuando espera en su presencia orando con fe con el corazón rendido a cumplir su voluntad.

Temo que los excesos no bíblicos que se han cometido bajo la supuesta inspiración del Espíritu Santo, han espantado a personas que no debieran dejarse afectar de esa manera. Los pastores de hoy conducen cultos de iglesia tan reglamentados que no se deja ningún lugar a la guía espontánea del Espíritu Santo. Los programas están detallados hasta el minuto. La selección de canciones se determina de manera inamovible con varios días de anticipación. No hay lugar para que Dios dirija a alguien en otro sentido; ciertamente no durante la reunión en sí. Apuntamos más a ser «logrados» y «pulidos». Lo que más valoramos es una excelente organización y «tener todo en orden».

Si Dios condujo a los israelitas durante cuarenta años en el desierto, con seguridad nos puede conducir a usted y a mí durante un culto del domingo.

Como he dicho más de una vez, si Dios condujo a los israelitas durante cuarenta años en el desierto, con seguridad me puede conducir a mí durante un culto del domingo. Pero una y otra vez Dios me ha tenido que enseñar mi propia necesidad de sensibilidad en este asunto.

Hace dos veranos, en el culto del domingo por la tarde, nuestro coro estaba a punto de cantar. Al pasar Carol a mi lado mientras se dirigía al podio, le pregunté cuáles canciones había escogido, sabiendo que a menudo cambia de parecer a último momento según percibe la dirección de Dios en una reunión en particular. Mencionó dos canciones. Luego me senté en el primer banco para poder disfrutar mejor del ministerio del coro.

La primera canción trataba el tema del gran amor redentor de Dios, con un solo de Calvin Hunt, un joven que ha grabado con nuestro coro y ahora viaja dedicándose de lleno al ministerio para el Señor. Cerré los ojos y permití que las palabras ahondaran en mí.

En algún momento de la segunda estrofa sentí que el Espíritu Santo me decía: *Ve y predica el evangelio, ahora mismo. Levántate y háblales acerca del amor de Dios.*

Al principio pensé que quizá me estaba emocionando un poco por una canción inspiradora. O tal vez Satanás me tentaba para que me comportara de un modo extraño.

Luego pensé: *Pero, ¡ni siquiera recolectamos la ofrenda! Este no es el momento para predicar y extender una invitación, eso se hace al final de una reunión, no tan temprano.* (¡Como si Dios no supiera lo que hace falta en su iglesia!)

Sin embargo, la impresión no cedía. Al cabo de otros treinta segundos sentí que si no respondía, estaría entristeciendo al Espíritu Santo. Oré en silencio, *Dios, no quiero fallarte por no hacer tu voluntad. Subiré allí al terminar esta canción. De algún modo te pido que me detengas si estoy equivocado.* Sentí que debía obedecer, pero todavía me sentía nervioso al tener que interrumpir la reunión.

Mientras resonaba el acorde final, rápidamente subí por las escaleras hasta la plataforma. Carol me lanzó una mirada perpleja. Tomé el micrófono del solista y dije: «Antes de que te vayas, Calvin, cuenta a todos, en forma breve, lo que Dios ha hecho en tu vida.»

Pasó a contar su historia de terrible adicción a la cocaína crack, y de cómo Dios lo había librado. Por extraño que parezca, no se le trabó la lengua. Era como si se hubiera preparado para ese momento. Presentó una poderosa declaración del poder redentor del Señor.

Cuando terminó, hablé alrededor de diez minutos sobre el evangelio y luego extendí una invitación. La organista tocaba suavemente; el coro permaneció en su lugar en silencio durante todo este tiempo, esperando ver lo que sucedería a continuación. Desde todo el auditorio, docenas de personas empezaron a adelantarse hasta el altar. Podía escucharse el sonido de llanto a medida que el Espíritu tocaba a las personas y se volvían a Cristo. Oramos con todas ellas, y fue un bendito tiempo de cosecha espiritual. Parecía haber convicción profunda y verdadera al bendecir el Espíritu Santo el mensaje sencillo del evangelio.

Al final, pedí que volvieran a sus asientos diciéndoles: «Aún no hemos recolectado la ofrenda. Hagámoslo mientras el coro nos deleita con otra canción.» La reunión siguió hasta concluir.

En algún momento de la semana siguiente, sonó el teléfono en las oficinas de nuestra iglesia y Susana, mi hija, que en ese tiempo trabajaba en el departamento de música, fue la que contestó. La voz de un hombre le dijo:

—Desearía obtener la partitura de tal y cual canción. Ustedes la cantan en su iglesia, y quisiera pasarla a mi iglesia aquí en Tejas.

—Pues lo siento mucho —respondió Susan—, pero no tenemos partituras para la mayoría de las canciones que cantamos. Sencillamente las cantamos de memoria. Solo si grabamos una canción, la casa editora luego se encarga de crear una partitura para la venta.

Era obvio que el hombre estaba desilusionado.

—El domingo pasado, cuando estuve allí, tuve oportunidad de escucharla cuando la cantaron y tengo un gran deseo de conseguir esa canción de algún modo.

Susan trató de pensar en otra cosa que le pudiera decir.

—Pues, se lo mencionaré a mi madre y quizá ella decida incluir la canción en el próximo disco del coro —dijo ella.

Hubo silencio en el otro extremo de la línea.

—¿Acaso dijo usted «su madre»? —preguntó el hombre—. Discúlpeme... pero, ¿quién es usted?

—Susan Pettrey, soy una de las hijas casadas del pastor y Carol Cymbala. Trabajo aquí en la iglesia.

Al escuchar eso, el hombre empezó a emocionarse.

—¿Podría comunicarle algo al pastor de mi parte?

—Sí.

—Mi familia y yo habíamos ido a Nueva York de visita durante el fin de semana. Tenemos un hijo de diecinueve años que se ha endurecido completamente hacia las cosas del Señor. Le dimos una crianza cristiana, pero se alejó en dirección opuesta. Hemos estado muy preocupados por él.

»Durante el viaje, lo invitamos a acompañarnos. Le prometí que pasaríamos juntos un tiempo disfrutando de la ciudad, pero nuestro verdadero plan era llevarlo el domingo a su iglesia con la esperanza de que Dios de algún modo lo alcanzara.

»Todo el sábado por el día disfrutamos recorriendo la ciudad. El domingo, al tomar un taxi para ir a su iglesia para el culto de la tarde, revisé una vez más nuestros pasajes de avión y descubrí que había cometido un error gravísimo. No nos sería posible estar presentes para toda la reunión porque, si lo hacíamos, perderíamos el vuelo de regreso.

»Me estaba recriminando por no haber hecho planes mejores. Probablemente, mi hijo no llegaría a escuchar el mensaje, a pesar de que ese era el motivo principal de todo el viaje.

»Pero luego, al principio del culto e inesperadamente, su padre subió a la plataforma y empezó a comunicar el evangelio. ¡De pronto, mi hijo estaba de pie junto con los demás dirigiéndose al altar! Se quebrantó delante del Señor, mientras clamaba a Dios pidiendo perdón. Cuando volvió a su asiento, era una persona diferente.

»Unos minutos después tuvimos que partir rumbo al aeropuerto... Solo dígale a su papá que, durante todo el camino de regreso a Tejas, casi no podíamos dejar de mirar a nuestro hijo sentado en el asiento junto al nuestro. Esta ha sido la transformación más increíble que se pueda imaginar. Mi esposa y yo estamos sumamente gozosos por la gran obra que ha hecho Dios.

Esa tarde Dios cambió toda la reunión solo para el bien de un muchacho de diecinueve años. Sabía la necesidad que había en su vida, la hora de vuelo y que hacía falta que sucediera algo que se saliera del programa acostumbrado. Dios sabe cosas que nosotros no tenemos modo de saber. Cuando no buscamos al Señor y le pedimos en fe que nos guíe, nos perdemos por completo lo que él desea lograr.

Permita la dirección de Dios

¿QUÉ PASA CON LAS SITUACIONES que debe enfrentar ahora mismo? ¿Hay encrucijadas en el camino que exijan una decisión de virar hacia un lado o hacia otro? Recuerde que muchas decisiones que parecen carecer de importancia tienen consecuencias que superan ampliamente lo que pudiéramos alguna vez imaginar.

Solo piense en lo limitados que en realidad somos los humanos en cuanto a saber lo que debemos hacer. «Ahora vemos por espejo, oscuramente» (1 Corintios 13:12, Reina Valera 1960), sin entender tantas complejidades y otras cosas que están ocultas a nuestra vista. No sabemos lo que nos traerá el mañana, solo adivinamos acerca del futuro y lo que nos depara. No obstante, una y otra vez debemos enfrentarnos a estas decisiones.

Sin embargo, nuestro Dios sabe todas las cosas y tiene todo poder. Incluso «el corazón del rey [está] en la mano de Jehová» (Proverbios 21:1, Reina Valera 1960). «Porque yo sé muy bien los planes que tengo para ustedes —afirma el SEÑOR—, planes de bienestar y no de calamidad, a fin de darles un futuro y una esperanza» (Jeremías 29:11). Y su deseo como Padre es hacerlo partícipe de estos planes benditos.

Esto requerirá que cedamos a su voluntad para nuestras vidas, de eso no hay duda. Entonces tendremos la capacidad de escuchar su voz y percibir su dirección. También debemos aprender a esperar y escuchar en su presencia. Pero, ¡cuántas bendiciones tendremos al unirnos a la alegre compañía de los que «no tendrán hambre ni sed, no los abatirá el sol ni el calor, porque los guiará quien les tiene compasión, y los conducirá junto a manantiales de agua» (Isaías 49:10)!

SEIS
El elevado costo de la astucia

CONFIAR PLENAMENTE en Dios para que nos conduzca y nos guíe suena bien en un libro como este, pero seamos
sinceros: También puede resultar un poco desconcertante.
Nuestros amigos quizá nos miren de reojo y piensen (o a veces digan) que estamos exagerando un poco con todo este
asunto espiritual. La búsqueda de la dirección de Dios se
contrapone a la confianza en el yo de la mente moderna.
Nuestra cultura nos enseña a hacernos cargo de nuestra
vida y tomar nuestras propias determinaciones.

En agudo contraste al corazón abierto e inquisitivo de
David, la Biblia nos cuenta de otro rey que existió menos de
cien años después de David que tenía toda la posibilidad de
ser tan grande como David... hasta que decidió hacer lo
que a su parecer era astuto e ingenioso en lugar de hacer lo
que Dios había dicho. Como recordará, después de David
vino su hijo Salomón, que se alejó de Dios. Dios le había advertido que no tomara una gran cantidad de esposas, en especial mujeres extranjeras que lo desviarían del culto al
Dios verdadero. La mezcla con sus dioses resultó fatal porque Salomón acabó por edificar templos para los dioses de
sus esposas en la misma Jerusalén, el lugar que Dios había
escogido para que morara su presencia.

Al acercarse el fin de la vida, Salomón notó a un joven con cierta capacidad de liderazgo llamado Jeroboán, y en efecto lo ascendió en su cargo gubernamental.

Un día, Jeroboán paseaba inocentemente por un campo cuando un profeta se le acercó como caído de las nubes, se quitó la capa, ¡y la rompió en doce pedazos! ¡Qué extraño! Mientras le entregaba diez pedazos a Jeroboán, dijo que Dios pronto juzgaría a Salomón por lo que había hecho y despedazaría la nación, e increíblemente Jeroboán acabaría siendo rey de diez de las doce tribus. A esto siguieron unas promesas asombrosas del Señor:

> En lo que a ti atañe, yo te haré rey de Israel, y extenderás tu reino a tu gusto. Si haces todo lo que te ordeno, y sigues mis caminos, haciendo lo que me agrada y cumpliendo mis decretos y mandamientos, como lo hizo David mi siervo, estaré contigo. *Estableceré para ti una dinastía tan firme como la que establecí para David; y te daré Israel.*
>
> 1 Reyes 11:37-38 (énfasis del autor)

Jeroboán debe haberse quedado con la boca abierta. ¿Por qué él? No tenía ningún derecho a la realeza. Pero de la nada, fue elegido por decisión soberana de Dios. ¡Qué «oportunidad» tremenda para iniciar una carrera!

Considere la enormidad de las promesas hechas a este joven: ¡Son tan grandes como las que recibió el poderoso David! Control de una nación... una dinastía que se prolongaría... la promesa de la presencia duradera de Dios. Pudiera decirse que Jeroboán se acomodó para toda la vida.

Una reprensión punzante

AHORA HAGA UN RÁPIDO avance a la videograbación pasando varios años hasta llegar a 1 Reyes 14. Jeroboán ya ascendió al trono del Reino del Norte (las diez tribus) tal como dijo el profeta Ahías aquel día en el campo. Pero a estas alturas, él también se ha desviado por completo de Dios. En este capítulo vemos que el poderoso rey y su esposa están en medio de una crisis familiar: su hijito está gravemente enfermo, y los padres preocupados temen por su vida.

Jeroboán le dice a su esposa: «Quizás ese anciano profeta pudiera ayudarnos. Esa vez que me profetizó realmente estaba en comunicación con Dios. ¿Por qué no lo buscas y le pides que ore por nuestro hijo?

Pero Jeroboán sabe que su modo de vivir no ha agradado a Dios. Su reputación ante Ahías está en su punto más bajo. Si su esposa se presenta ante el profeta, probablemente la reprenda o le dé algún tipo de palabra desagradable. Así que le dice que se ponga un disfraz.

En realidad no hubiera hecho falta porque para ese entonces Ahías estaba tan anciano que se había vuelto ciego. No podía ver si la señora Jeroboán parecía una reina o una sirvienta.

Por otro lado, Ahías sigue en comunión estrecha con Dios... ¡y no es posible disfrazarse ante él! Aunque uno actúe como el ganador de un Óscar, Dios lo calará al instante. Al momento que la señora golpea la puerta del frente de la casa del profeta, él le dice en alta voz: «Hola, señora de Jeroboán que finge ser otra. ¡Adelante!»

Tal vez a ella se le haya escapado una risita nerviosa o haya intentado hablar de boberías con el anciano profeta. Si lo hizo, no le duró mucho. Rápidamente la conversación se tornó seria. La mujer se quedó sentada y atontada mientras Ahías pasaba a impartirle una profecía espeluznante que decía lo siguiente:

Así que cuando Ahías oyó el sonido de sus pasos, se dirigió a la puerta y dijo: Esposa de Jeroboán, ¿por qué te haces pasar por otra? Entra, que tengo malas noticias para ti. Regresa a donde está Jeroboán y adviértele que así dice el SEÑOR, Dios de Israel: «Yo te levanté de entre mi pueblo Israel y te hice su gobernante. Le quité el reino a la familia de David para dártelo a ti. Tú, sin embargo, no has sido como mi siervo David, que cumplió mis mandamientos y me siguió con todo el corazón, haciendo solamente lo que me agrada. Por el contrario, te has portado peor que todos los que vivieron antes de ti, al extremo de hacerte otros dioses, ídolos de metal; esto me enfurece, pues me has dado la espalda.»

En cuanto a ti, vuelve a tu casa, pues cuando llegues a la ciudad, morirá el muchacho. Entonces todos los israelitas harán duelo por él y lo sepultarán. De la familia de Jeroboán sólo él será sepultado, porque en esa familia sólo él ha complacido al SEÑOR, Dios de Israel.

El SEÑOR levantará para sí un rey en Israel que exterminará a la familia de Jeroboán. De ahora en adelante el SEÑOR sacudirá a los israelitas como el agua sacude las cañas. Los desarraigará de esta buena tierra que les dio a sus antepasados y los dispersará más allá del río Éufrates, porque se hicieron imágenes de la diosa Aserá y provocaron así la ira del SEÑOR. Y el SEÑOR abandonará a Israel por los pecados que Jeroboán cometió e hizo cometer a los israelitas.

1 Reyes 14:6–9,12–16

¡Vaya reprensión punzante! Para cuando terminó el anciano, seguro que ella estaba llorando. En pocas horas perdería a su hijo, y poco después el reinado de su esposo pasaría a la historia. En efecto, toda la nación se derrumbaría.

Al leer una historia así, no podemos evitar preguntarnos: ¿Cómo pudo haber sucedido algo semejante? ¿Qué acción hace que alguien que una vez fue escogido por Dios para ser el próximo rey… merezca ser advertido por el mismo profeta de que pronto llegará su fin y que va en dirección al bote de basura de la historia, sin esperanza de rescatar su reino ni tampoco su vida?

Dios estaba diciendo: *Jeroboán, se acabó. Has provocado mi ira. Ahora se te rechaza como rey. A decir verdad, castigaré a toda tu nación por lo que tú les hiciste hacer.*

¡Caramba! ¿Qué hizo este hombre?

Los peligros de volverse «listo»

LA RESPUESTA SE ENCUENTRA unos ocho versículos antes en 1 Reyes 12, entre el tiempo del primero y último encuentro con Ahías. Jeroboán era rey, y un día se puso a pensar en su posición estratégica. Sí, él estaba afirmado en el trono, pero por causa del reino dividido el templo de Dios no estaba en su territorio. Estaba en Jerusalén, la capital del reino del sur. Cada fiesta sagrada (dos o tres veces por año) cuando su pueblo iba a rendir culto, debía dirigirse al territorio de su rival. Dios había dejado en claro que los israelitas no podían simplemente rendir culto y sacrificar sus animales en cualquier lugar; era necesario que fueran a un sitio especial escogido en Jerusalén. Mmm...

En la Biblia se lee:

> *Pero* [Jeroboán] *reflexionó*: «¿Y qué tal si ahora el reino vuelve a la familia de David? Si la gente sigue subiendo a Jerusalén para ofrecer sacrificios en el templo del SEÑOR, acabará por reconciliarse con su señor Roboán, rey de Judá. Entonces a mí me matarán, y volverán a unirse a él.»

> Después de buscar consejo, el rey hizo dos becerros de oro, y le dijo al pueblo: «¡Israelitas, no es necesario que sigan subiendo a Jerusalén! Aquí están sus dioses, que los sacaron de Egipto.» Así que colocó uno de los becerros en Betel, y el otro en Dan. Y esto incitó al pueblo a pecar; muchos inclusive iban hasta Dan para adorar al becerro que estaba allí.
>
> 1 Reyes 12:26–30 (énfasis del autor)

Es dolorosa la tragedia que está al acecho en esas dos palabras: *Pero reflexionó...* (v. 26). Toda su caída partió de su intento de ser astuto. Empezó a elaborar estrategias. En lugar de confiar simplemente en las promesas que le había hecho Dios, intentó ¡brindarle ayuda a Dios! Le parecía que de si no lo hacía, su poder sufriría. Así fue como empezó la tragedia: Reflexionó, y se olvidó de Dios y de su palabra de promesa.

Apoyarnos en la astucia humana en lugar de apoyarnos en la fe en Dios, es horrible. El antiguo himno lo expresa con claridad cuando nos advierte que el único modo de ser felices en Cristo es confiar y obedecer.

Lo que Jeroboán acabó por hacer fue iniciar su propia religión, una insidiosa mezcla de lo verdadero y lo falso. Los versículos siguientes relatan cómo «puso como sacerdotes a toda clase de gente, hasta a quienes no eran levitas. Decretó celebrar una fiesta el día quince del mes octavo, semejante a la que se celebraba en Judá» (vv. 31-32). No era necesario ser llamado por Dios para ser líder en la religión de Jeroboán; bastaba con pagar dinero, y con eso quedaba nombrado.

Dios había dicho con claridad en el segundo mandamiento que nunca se debía hacer nada físico en representación de él, pero ahora Jeroboán levantó dos becerros de oro para que sirvieran de ancla a la devoción del pueblo. Dios, en efecto, es espíritu, y los que desean adorarlo deben hacerlo en espíritu y en verdad, como dijo Jesús (Juan 4:24). No hay ninguna cosa material que pueda llegar a representar la grandeza del Dios invisible. Aunque usted haga algo de oro puro, para Dios igualmente estaría mal. Él no se impresiona con la apariencia física o el brillo, en cambio mira el corazón. Una vez escuché decir a Anne Graham Lotz que Dios no debe darle mucha importancia al oro, ¡porque lo usa como material de pavimentación en el cielo! Los santos caminarán por encima del oro durante toda la eternidad.

Dios puso esta historia en la Biblia para que nos sirviera de señal amonestadora. Prácticamente expresa a voces que cuando la incredulidad se mete en el interior de un líder, o en realidad en cualquiera, conduce a la primera decisión errada, que a su vez conduce a la segunda y luego a la tercera, y el impulso crece desmedidamente hasta descontrolarse. Dios le había dicho a este hombre allá en el campo: «Si haces todo lo que te ordeno, y sigues mis caminos, haciendo lo que me agrada y cumpliendo mis decretos y mandamientos... estaré contigo» (1 Reyes 11:38). Pero él optó por elaborar su propio plan de acción, y al final Dios le habló con estruendo en su contra usando palabras tan devastadoras que nos hacen estremecer de solo leerlas.

Cuando uno lo piensa, lo que hizo Jeroboán era perfectamente lógico. A cualquier rey le interesaría supervisar el desplazamiento de su pueblo, ¿verdad? El hecho de confiar en que Dios edificaría el reino tal como lo había prometido probablemente le pareció ser demasiado sencillo. Jeroboán decidió improvisar para asegurar su posición de liderazgo. A decir verdad, a menudo la incredulidad se viste en forma de aparente «astucia». Usamos la astucia para disimular nuestra falta de fe. Pero ¿quién puede ser más sabio que Dios?

A decir verdad, a menudo la incredulidad
se viste en forma de aparente «astucia».
Usamos la astucia para disimular
nuestra falta de fe.

En mi función de pastor a veces veo hombres en la congregación que tienen dos y tres trabajos a fin de progresar en sus finanzas. Quieren expandir sus negocios, ganar dinero para sentirse seguros si llegara a ocurrir algo malo, comprar una propiedad de alquiler por aquí o establecer un pequeño negocio por allá, para que sus bienes crezcan más rápidamente. Sí, claro que esto implica faltar a la iglesia el domingo y privar a sus hijos de pasar tiempo con su padre, pero piensan: «No soy ningún tonto, ¿eh?» En poco tiempo, me dicen ellos, su programa de actividades se aliviará de modo que puedan prestar más atención a la Palabra de Dios y a la oración, al servicio para el Señor, a su matrimonio, a su responsabilidad en la crianza de los hijos... pronto, pero todavía no. Al momento, casi tienen necesidad de matarse para obtener el todopoderoso dólar. Están seguros de poder mejorar la fórmula de Dios que dice «busquen pri-

meramente el reino de Dios y su justicia, y todas estas cosas les serán añadidas» (Mateo 6:33).

Jeroboán debe haberse sentido *muy* astuto al colocar
esos becerros idólatras en Dan y Betel, dos ciudades en el
territorio *suyo*. Dijo a su pueblo que les estaba ahorrando
ese largo y arduo viaje a Jerusalén. Pero esta nueva religión no era una religión. Era una peligrosa perversión del
verdadero culto a Dios.

En la iglesia de hoy, seguimos intentando inventar
nuevas formas de cristianismo como lo hizo Jeroboán. Los
modelos nuevos son tan lógicos y «orientados al usuario»
como el que él impuso. Decimos que es necesario *facilitar
todo para las personas*. Al fin y al cabo, hace falta que la
iglesia sea conveniente para el atareado estilo de vida mo-
derno. No se puede esperar que alguno sacrifique su precioso tiempo y energía para el Salvador. De modo sutil,
nuestro nivel de comodidad llega a tener más importancia
en nuestras vidas que Dios. Si alguna reunión de oración
en noche de semana no resulta ser de su agrado particular... ¿qué problema hay? Ya se sabe que Dios está en todas
partes, ¿verdad? ¿Por qué no quedarse en casa y hacer lo
que a uno le parece?

> En la iglesia de hoy seguimos
> intentando inventar nuevas formas de
> religión como lo hizo Jeroboán. Los modelos
> nuevos son tan lógicos y «orientados al usuario»
> como lo fue el de él.

A decir verdad, ¿por qué siquiera tener una reunión de
oración? Al fin y al cabo, eso solo era para los tiempos bíblicos de la antigüedad.

El punto central de la religión de Jeroboán es hacer
cualquier cosa para retener a la multitud. De la misma manera que ese trágico plan alteró el plan de Dios para su
pueblo, tenemos asesores de crecimiento de la iglesia que
son muy habilidosos para jugar con cifras. Son expertos en

cuanto a lo que dará resultado. Pero tristemente, son ciegos al hecho de que solo Dios «da resultado».

Ninguna cifra de asistencia puede esconder el hecho de que nuestro nuevo tipo de cristianismo es ajeno a la Biblia y entristece al Espíritu Santo. Por todo el país, los feligreses se irritan por los cultos del domingo por la mañana que duran una hora y diez minutos, pero no tienen ningún problema con los partidos de fútbol de tres horas por televisión. ¿En qué lugar del Nuevo Testamento pudiera encontrarse semejante mentalidad?

Estoy convencido de que en muchos lugares de la actualidad, la «religión de Jeroboán» está tan instituida que muchos, incluyendo los que están en autoridad, no tienen siquiera noción del aspecto que tiene una iglesia que goza de una verdadera plenitud del Espíritu.

El problema de hablar con uno mismo

LA INCREDULIDAD HABLA consigo en lugar de hablar con Dios. ¡Cuánto mejor hubiera sido que Jeroboán analizara sus temores y luego los presentara al Señor. Si tan solo hubiera orado: «Ah Dios, no pedí ser rey, pero sé que me pusiste aquí. Me parece que puedo llegar a perder todo si mi pueblo sigue haciendo el viaje a Jerusalén. Pero dijiste que estarías conmigo y establecerías mi dinastía. Dime, por lo tanto, lo que debo hacer.» Jeroboán no hizo esto. En cambio, reflexionó.

Si va en dirección errada, siempre podrá encontrar algunos compinches que le den palmadas en las espaldas y estén de acuerdo con usted.

Cuando hablamos solos, no hablamos con alguien que sea muy listo. Nuestra perspectiva es muy limitada. Pero si hablamos con Dios, estamos hablando con alguien que sabe todo. Él sabe lo que prometió desde el principio, y sabe exactamente cómo cumplirlo sean cuales fueran las circunstancias que nos rodean.

Jeroboán también se dirigió a algunos consejeros (1 Reyes 12:28) que apoyaron su desobediencia. Si va en dirección errada, siempre podrá encontrar algunos compinches que le den palmadas en las espaldas y estén de acuerdo con usted. Lo que él necesitaba era un piadoso compañero de oración que lo detuviera en seco al decir: «Un momentico... ¿Acaso Dios no te dio una promesa en el principio? ¿Cómo es posible lograr algo bueno haciendo algo malo?»

Esta historia no trata un asunto de desfalco, ni un encuentro en un motel con una mujer, ni de fumar alguna droga ilícita. El tema de esta historia es sencillamente el alejamiento de Dios y de su Palabra. Sí, soy consciente de lo que dijo Dios, pero en la situación presente, verdaderamente siento la necesidad de hacer tal y cual cosa. En lugar de prestar atención a la fidelidad de Dios, nos centramos en lo que al parecer indican las circunstancias.

Cuando anda en incredulidad,
se levanta por la mañana diciendo:
«¡Qué desgracia!... ¿será este el día
en que pierda todo lo que tengo?»
El vaso siempre está medio vacío.

Pero la fe nos capacita para ver a Dios por encima de nuestros problemas. Si solo vemos los problemas, nos deprimimos y empezamos a tomar decisiones erradas. Cuando tenemos fe, vemos que Dios es más grande que cualquier montaña, más grande que todo. Sabemos que cuidará de nosotros.

Si *Dios* está de su lado, no importa cuántos demonios del infierno intenten oponerse a usted. Si *Dios* está de su lado, no importa lo que susurren sus opositores a los oídos de las personas. La incredulidad tiene una manera retorcida de ver las cosas negativas. Cuando una persona camina por fe, se levanta por la mañana diciendo: «La bondad y el amor me seguirán todos los días de mi vida; y en la casa del

SEÑOR habitaré para siempre» (Salmo 23:6). Pero cuando anda en incredulidad, se levanta por la mañana diciendo: «¡Qué desgracia!... ¿será este el día en que pierda todo lo que tengo?» El vaso siempre está medio vacío.

Los que caminan por fe siguen siendo realistas; a menudo admiten que no saben cómo ha de resultar todo. No obstante, insisten en que a pesar de ello su Dios les suplirá lo que necesiten.

Escuchemos la voz de la fe

A LA LARGA, LAS PREOCUPACIONES de Jeroboán lo condujeron al fatalismo. ¡Para cuando se desarrolló la totalidad de la escena, había pasado de imaginarse la pérdida de la lealtad del pueblo... hasta llegar a decir «me matarán» (12:27)! A la incredulidad le encanta pintarnos la imagen más sombría posible. Le encanta llevarnos a murmurar: *No lo lograré. Yo sé que esto va a resultar terrible. Con seguridad el futuro me caerá encima.*

Permítame que le diga algo: Dios, que empezó una buena obra en usted, no tiene intención de detenerse ahora. Después de haber enviado a su Hijo a morir por sus pecados, después de haberlo salvado a un precio tan increíble, ¿por qué ahora habría de dejarlo fracasar?

Declaremos ahora mismo la guerra contra la astucia que en realidad encubre la incredulidad. Presente su problema ante Dios, como lo haría un niño, con total confianza de que solo él puede componer lo que esté roto. Abra su Biblia y permita que el Espíritu Santo siembre en su corazón las semillas de fe viva que puedan florecer en su interior al esperar en el Señor. No deje de pedir, buscar y golpear... por más urgencia que sienta de «hacer algo».

¿Cómo puede nuestro Padre celestial hacer otra cosa que responder a nuestra perseverante oración de fe? Como dijo Jesús:

¿Acaso Dios no hará justicia a sus escogidos, que claman a él día y noche? ¿Se tardará en responderles? Les digo que sí les hará justicia, y sin demora. No obstante, cuando venga el Hijo del hombre, ¿encontrará fe en la tierra?

Lucas 18:7-8

SIETE

La fe tiene un horario diferente

¿R<small>ECUERDA</small> EL PADRE de Tejas que trajo a su hijo rebelde a la iglesia y estaba preocupado porque tenía que tomar un vuelo? Ese domingo recibió una lección reveladora de que el horario de Dios no siempre es igual al nuestro. El hombre pensó que sus oraciones habían sido en vano por causa de un itinerario de vuelo, mientras que Dios tenía todo bajo control a fin de lograr sus propósitos a pesar del desarrollo aparentemente contradictorio de las cosas.

Muchas de nuestras luchas con respecto a la fe están relacionadas con un horario. Creemos, al menos en forma teórica, que Dios cumplirá sus promesas, ¿pero cuándo? Si la respuesta no se presenta tan pronto como la esperamos, nos empieza a asaltar el temor, y en poco tiempo nos sentimos tentados a perder la confianza, ignorando la promesa de que «será grandemente recompensada» (véase Hebreos 10:35). ¿Cuántas veces ha orado por la salvación de un hijo o de una hija? ¿Sigue orando? ¿Cree verdaderamente que Dios le escucha?

Sería una buena idea que todos sencillamente reconociéramos que nos hace falta aprender mucho acerca de la manera en que Dios hace las cosas. La historia de Zacarías y Elisabet es una de las mejores ilustraciones del programa divino que la Biblia presenta en forma detallada. En efecto, el libro de Lucas casi tiene tanta información sobre estos dos ancianos como sobre María y José.

---

*Muchas de nuestras luchas con respecto a la fe
están relacionadas con un horario. Creemos,
al menos en forma teórica, que Dios cumplirá
sus promesas, ¿pero cuándo?*

¿Por qué no escribió Lucas como lo hizo Marcos en su Evangelio yendo directo al grano: «Dios envió un mensajero, Juan el Bautista, a fin de decirles a las personas que se arrepintieran y se prepararan para el gran Mesías...»? ¿No hubiera bastado con eso?

No. Dios quiso enseñar algunas lecciones especiales por medio de los detalles de esta historia.

Como muchos de ustedes sabrán, Zacarías era un sacerdote anciano que, con su esposa, no tenía hijos. Las personas del pueblo naturalmente suponían que esta pareja nunca tendría una familia. Elisabet no solo era estéril sino que ahora era demasiado anciana para tener un hijo.

Un día, mientras Zacarías se dedicaba sencillamente a cumplir sus funciones en el templo, se le apareció un ángel, y lo dejó sobresaltado con el mensaje de parte de Dios: «No tengas miedo, Zacarías, pues ha sido escuchada tu oración. Tu esposa Elisabet te dará un hijo, y le pondrás por nombre Juan. Tendrás gozo y alegría, y muchos se regocijarán por su nacimiento» (Lucas 1:13,14). El muchacho, en efecto, resultaría ser Juan el Bautista.

Dios toma algunas decisiones muy extrañas

DE INMEDIATO ESTO NOS MUESTRA que la manera en que Dios hace las cosas difiere mucho de la nuestra. Incluso el orden que escoge dar a los acontecimientos contiene lecciones específicas para nosotros.

Si usted fuera Dios que desde el cielo observa la tierra y pudiera escoger cualquier conjunto de padres de toda la tierra de Israel para criar a este mensajero importante, ¿a quién escogería? Sin duda seleccionaría a una mujer joven y saludable de unos veintitrés o veinticuatro años de edad, en la cúspide de sus años fértiles, con energía de sobra para levantarse a medianoche con este bebé y hacer todas las cosas que debe hacer una madre. Buscaría un esposo de unos veinticuatro a veinticinco años de edad, de físico fuerte y bien establecido en su carrera. También desearía que esta pareja tuviera dinero y una buena educación para que el niño estuviera en un ambiente estimulante. Debiera vivir en un barrio seguro en un suburbio de alto nivel, con las mejores escuelas teniendo a su disposición todo tipo de medios de enriquecimiento cultural.

La pareja también debiera tener pensado tener uno o quizá dos hijos más después de este primero, a fin de que el muchacho no crezca solo. Al fin y al cabo, es importante el compañerismo con los pares. Recuerde que este bebé tiene una misión divina en la vida.

Pero ¿qué hace Dios? ¡Recorre con la vista toda la tierra de Israel y encuentra una mujer que no puede tener un hijo! Todas sus amigas de la pequeña aldea desértica parecen haber quedado embarazadas, pero ella no. Luego Dios espera y espera hasta que ya han pasado los años acostumbrados para tener hijos, de modo que aun *si hubiera tenido la posibilidad* de concebir un hijo, ya es demasiado tarde. Está doblemente descalificada como madre especial para este hijo especial.

Y el Dios de los cielos dice: «¡Esa es! Porque durante el tiempo que crezca el muchacho, desde ser amamantado hasta llegar a la adultez, su madre podrá contarle vez tras vez la historia de su nacimiento, el milagro de sus padres ancianos; todo esto reforzará en su tierna mente la idea de que "para Dios no hay nada imposible" (Lucas 1:37).»

Muchas veces en la vida, Dios espera mientras una situación va de mal en peor. Pareciera que deja que el asunto se extienda más allá del borde, de modo que usted y yo digamos: «Ya *no hay modo* de que esto se resuelva.» Pero ese es el momento en que el omnipotente Dios quiere intervenir en nuestra desesperanza y dice, «¿Ah, sí? ¡Observa esto...!

Más que preocuparse por la escuela o las lecciones de música o cualquier otra cosa con respecto a Juan el Bautista, Dios quería que creciera en un ambiente piadoso de alabanza y adoración. Al menos una vez por día esa pareja anciana y devota con seguridad habrá mirado a ese muchachito, y habrá dicho, o pensado: «¡Nuestro Dios es un Dios asombroso! ¡Bendito sea su nombre!»

Muchas veces nos hallamos
en emergencias, y la situación parece
carecer por completo de esperanza, pero
en realidad se trata de algo
que Dios ha permitido a propósito.
Él quiere hacer algo fenomenal.

Muchas veces nos hallamos en emergencias, y la situación parece carecer por completo de esperanza, pero en realidad se trata de algo que Dios ha permitido a propósito. Él quiere hacer algo fenomenal. Quiere demostrar su poder, de modo que se alabe su nombre de manera nueva y más grande. La siguiente generación escuchará del asunto. Al fin y al cabo, su alimento espiritual es mucho más importante que meras cosas materiales. ¿Sabía usted que es posible que los padres den a sus hijos tres comidas nutritivas por día, les pongan en los pies las más actualizadas zapatillas deportivas de ciento veinte dólares y aun así los priven del plano espiritual? Si se priva a un niño del conocimiento del maravilloso y amante Dios que los creó, se le da el peor tipo de crianza. No pueden verdaderamente vivir sin Jesús, por excelente que sea la educación que reciban.

Aun más allá de nuestras familias, a través de nuestra vida, Dios desea publicar por todas partes el testimonio de su tremendo poder y gran salvación. Más allá de un conocimiento intelectual de versículos bíblicos, él quiere demostrar de manera tangible que nunca ha cambiado. La próxima vez que nos enfrentemos a algo «imposible», no olvidemos que nuestro Dios *sigue siendo* un Dios asombroso.

A Dios le atrae la oración

OBSERVE TAMBIÉN QUE UNA GRAN parte de esta historia gira en torno a la oración y la adoración.

Zacarías, el anciano sacerdote, recorrió con dificultad el camino desde su casa a Jerusalén para cumplir su turno en el templo. La tarea que le tocaba ese día, según Lucas 1:9, era «quemar incienso»: un acto de adoración. El acto de colocar especias sobre el fuego del altar producía una dulce fragancia que subía a Dios. Mientras tanto, a esa hora «la multitud reunida afuera estaba orando» (Lucas 1:10). Todos estaban abriendo sus corazones a Dios de la mejor manera que sabían hacerlo, extendiéndose y teniendo comunión con él: la actividad más elevada que puede realizar cualquier ser humano.

Ese fue el momento en que apareció el ángel.

Dios pudo haber aparecido en cualquier momento. Pero vez tras vez en la Biblia, se ha revelado cuando las personas empiezan a orar.

Pedro subió a un techo (Hechos 10) a orar. De repente, Dios le dio una visión acerca de la extensión del evangelio a otros grupos étnicos.

La iglesia primitiva se reunió a orar después de haber sufrido algo de persecución. De repente, «tembló el lugar en que estaban reunidos; todos fueron llenos del Espíritu Santo» (Hechos 4:31).

Los doce discípulos nunca pidieron a Jesús que les enseñara a predicar. Pero sí dijeron: «Señor, enséñanos a orar» (Lucas 11:1). Veían en la comunión de Jesús con el Padre algo que era tan sobresaliente que tuvieron que decir: «Ayúdanos a orar *así*.»

Al instante que se le apareció el ángel a Zacarías, le sobrevino pánico (a usted y a mí probablemente nos hubiera sucedido lo mismo). Las primeras palabras que pronunció el ángel fueron: «No tengas miedo, Zacarías, pues ha sido escuchada tu oración» (Lucas 1:13). ¿Cuál oración? Obviamente sus muchas oraciones a lo largo de los años pidiendo que Elisabet tuviera un hijo.

A estas alturas de la vida Zacarías probablemente ya había dejado de pensar que la paternidad fuera una posibilidad para él. *Pero eso no tenía importancia*; ¡sus muchos años de oración por fe aún estaban registrados! Cuando la oración proviene de un corazón sincero, se eleva a la presencia de Dios *y permanece allí*. Cuantas más oraciones se agregan, más se acumulan en el cielo. No se evaporan como el gas. Permanecen delante de Dios. Recuerde usted cómo otro ángel le dijo a Cornelio, el centurión romano: «Dios ha recibido tus oraciones y tus obras de beneficencia como una ofrenda» (Hechos 10:4). No se fueron flotando. Se acumularon, hasta llegar el día en que Dios le envió a este hombre un mensajero especial.

¿Cómo se sentirá Dios cada domingo cuando por toda la nación se congregan muchas personas en iglesias, pero le dedican muy poco a la oración en sí?

Cuando buscamos a Dios para obtener respuestas, es necesario que perseveremos en oración, permitiendo que se acumulen día tras día hasta que la fuerza de esto se convierta en una poderosa ola que voltea todos los obstáculos. Con razón dice que su casa debe conocerse como casa de oración, no solo de predicación o cánticos, sino particularmente de oración. ¿De qué otro modo podremos recibir grandes respuestas de Dios si no perseveramos en oración?

¿Cómo se sentirá Dios cada domingo cuando por toda la nación se congregan muchas personas en iglesias, pero le dedican muy poco a la oración en sí? Las congregaciones dedican tiempo en su programa semanal para todo tipo de cosas, desde ligas de baloncesto hasta clases de pérdida de peso, sin embargo, al parecer no pueden encontrar un momento para una reunión de oración. El Señor está esperando para bendecir a su pueblo con la provisión abundante, pero no nos tomamos el tiempo necesario para abrir el canal. Qué epitafio terrible: «No tienen, porque no piden» (Santiago 4:2).

A Dios le atrae la oración. Se deleita en la comunión con nosotros. La oración hace que su bendición se libere en nuestra vida.

A Dios no le agradan las especulaciones

CUANDO ZACARÍAS PRESENTA su objeción (Lucas 1:18), deja entrever que aparentemente no ha orado recientemente por un hijo. En su mente, se imagina a Elisabet en su casa en la aldea. Por cierto que ya no es una jovencita.

Su pregunta: «¿En qué conoceré esto?», es lógica, supongo. Uno pensaría que Gabriel respondería: «Pues, anciano, permítame que le diga: Dios lo ayudará. Él lo capacitará a usted y también a su esposa, y todo resultará de maravilla.»

No. El ángel ya ha proclamado, en nombre de Dios, lo que ha de suceder, de modo que no queda nada por discutir. Los hechos han sido declarados: Elisabet *te dará* un hijo, le pondrás por nombre Juan, será un gran hombre delante del Señor, etc., etc. Caso cerrado.

Pero Zacarías duda la habilidad de Dios, y de repente se produce una fuerte reacción. ¡El ángel le anuncia al anciano que perderá el habla por espacio de nueve meses! Si Gabriel hubiera sido de Brooklyn, probablemente le hubiera dicho: «¡Oye! ¿Cuál es tu problema? Soy Gabriel, el ángel que envió Dios para darte esta buena noticia. ¡Si no quieres creer, ni una palabra podrás pronunciar hasta que veas al bebé!»

Cuando Dios nos envía su divina promesa, queda sumamente entristecido si su pueblo no le cree. Le rompe el corazón de padre escuchar que sus propios hijos digan: «Pues, tal vez... ojalá... ¿Pero cómo puede ser, de veras, ahora? . . Sí, Dios ha dicho que traerá de regreso a mi hija, pero, usted sabe, ella es tan dura...»

¿Acaso no basta que Dios declarara que haría algo? No tiene por qué explicar ninguno de sus métodos por anticipado. «No hay nada imposible», ¿recuerda?

La boca de Zacarías está sellada. Esto da poderoso significado a las palabras de Hebreos 11:6 que se citan con frecuencia: «Sin fe es imposible agradar a Dios.» Él se irrita bastante —y con justa razón— con los cristianos que se niegan a creer, que ponen en duda su veracidad, que se echan atrás cuando él ha dicho que hará algo. El Señor quiere gritar: «¿Será posible que sencillamente *confíes en mí*? ¿Acaso hay algo que sea demasiado difícil para Dios?»

Dios se irrita bastante —y con justa razón—
con los cristianos que se niegan a creer,
que cuestionan su veracidad, que se echan
atrás cuando él ha dicho que hará algo.

Jesús le dijo una vez a una mujer cuyo hermano había muerto, y que por lo tanto pensaba que ya era demasiado tarde para que Jesús pudiera ayudar: «¿No te dije que si crees, verás la gloria de Dios?» (Juan 11:40). Luego se dirigió al cementerio y llamó a Lázaro levantándolo de la tumba misma.

Esta es la gran batalla de nuestra vida espiritual: «¿Creerás?» *No* es: «¿Te esforzarás más?» ni «¿Podrás ser merecedor?» Se trata directamente de creer que Dios hará lo que solo él puede hacer. Eso es lo que honra a Dios. Para él son muy preciados los que responden y le abren el corazón. Dios busca una fe tan fuerte que pueda anclarse en su Palabra y esperar en él, que hace que todo sea bello a su tiempo.

Inocencia en peligro

NUNCA OLVIDARÉ LA NOCHE del domingo en que finalmente convencimos a Wendy Alvear, que es tímida y de hablar suave, que se parara frente a nuestra congregación y contara su historia a mil quinientas personas. Empezó con vacilación a relatar sus años de crianza en Williamsburg, el barrio de Brooklyn que está justo en el extremo este del puente Williamsburg que cruza desde la parte sur de Manhattan. Las personas que habitaban su barrio cuando era niña eran una mezcla curiosa de judíos hasídicos e inmigrantes puertorriqueños como sus padres. Incluso los drogadictos, recuerda ella, eran amables, al menos con los niños de la vecindad.

La gran batalla de nuestra vida espiritual es: «¿Creerás?» No es: «¿Te esforzarás más?» ni «¿Podrás ser merecedor?»

Era la segunda de cuatro hijos en la familia, y se caracterizaba por ser «una romántica», que soñaba con el día en que se casaría con un guapo esposo y criaría unos cuantos hijos propios. Le encantaban los niños y era una niñera entusiasta. Su disposición alegre solo era reprimida en parte por la iglesia hispana de mentalidad rígida a la cual asistía tres o cuatro noches por semana con su madre y sus hermanos. Allí le enseñaron acerca de Jesús y pronto lo invitó a entrar en su corazón, a pesar de que le habían dicho que él tenía una larga lista de reglas que debían cumplirse. El padre de Wendy no era cristiano, pero al parecer no le molestaba que el resto de su familia asistiera a la iglesia.

Una de las reglas en esa iglesia era que las mujeres y las niñas siempre debían ponerse faldas. Cuando estaba en el noveno grado, la clase de Wendy hizo una excursión a un parque de diversiones y ella se sentía incómoda. Una amiga le dijo: «Mañana te prestaré unos pantalones míos, ¿te parece bien?» Wendy aceptó su oferta con gusto.

«El único problema fue que la excursión se extendió más tiempo del pensado», recordó Wendy, «y no llegamos a la escuela a la hora programada. Cuando finalmente llegamos, mi madre estaba allí esperándome. ¡Estaba atrapada! No pude hacer otra cosa que bajar del autobús y hacer frente a la situación.»

Ese fue el momento en que la atractiva adolescente pidió dejar de asistir a la iglesia. Su padre, por supuesto, apoyó su pedido. Sin embargo, estando sola en su habitación, sintió la necesidad de pedir disculpas a Dios: «Te pido disculpas por esto, pero volveré a la iglesia cuando me case. Lo prometo.»

Cuando estaba en el último año de la secundaria, Wendy estaba dedicada a clubes de baile, cigarrillos y bebida, aunque «nada de drogas pesadas», le afirmó a Dios. Su primer novio, cuyo apodo hispano era Papo, estaba luchando para vencer su adicción a la heroína. «Pensé que podía ayudarlo», admitió con una leve sonrisa. «Le rogaba que no tomara drogas. Así que, a modo de convenio, en su lugar bebíamos vino juntos.» Es posible que esto haya logrado que Papo en realidad consumiera menos heroína, pero su novia de cabellos oscuros se convirtió en una bebedora asidua.

Una noche, ellos dos y un grupo grande de amigos estaban en el parque McCarren pasando un rato después de la medianoche. Los muchachos jugaban al baloncesto mientras, cerca de ellos, las muchachas solo platicaban. Todos habían bebido bastante. Wendy se acomodó en un banco del parque y, al rato, se quedó dormida, mientras poco a poco los demás se alejaron del lugar, dejándola sola.

Se despertó sorprendida cuando sintió las manos ásperas de un hombre recorriéndole el cuerpo. Abrió los ojos de golpe. Papo y el grupo habían desaparecido; solo estaba este desconocido, decidido a aprovecharse de ella.

«Sentí pánico e intenté pensar qué hacer. De repente se me ocurrió una idea. Le dije: "Está bien, no hay problema. Pero, ¿sabes una cosa? Necesito ir primero al baño… Vivo a unas pocas cuadras de aquí. Vayamos hasta allí."»

Para su sorpresa, el hombre crédulo aceptó. A decir verdad, ¡eran más bien unas quince cuadras! «Y ahí estaba él, acompañándome toda esa distancia hasta mi edificio, donde le dije alegremente: "¡Subiré corriendo y enseguida regreso!" Doy gracias a Dios que no era muy listo.» En cuanto entró al apartamento de sus padres, cerró con llave la puerta y por supuesto, se fue a la cama de inmediato.

Al día siguiente se dijo con seriedad: «Caramba, anoche sí que estuve en peligro. ¿Por qué me habrá dejado Papo allí en el banco del parque?» Este proceso de encontrar a un joven agradable para casarse estaba resultando más difícil de lo que parecía.

¿El hombre ideal al fin?

EL SIGUIENTE NOVIO FUE MEJOR, al menos en algunos aspectos: No usaba drogas e incluso trabajaba vendiendo zapatos. Se llamaba John. Wendy lo había conocido desde el principio de la escuela secundaria, y la familia de ella opinaba que era respetuoso y gentil. Había una complicación porque, siendo cuatro o cinco años mayor que Wendy, ya había pasado por un matrimonio breve y turbulento que había producido una hijita que ahora era responsabilidad de él. Pero el futuro parecía prometedor.

«Yo rebosaba de alegría», dice Wendy. «Había encontrado al hombre de mis sueños. Yo tenía un trabajo sólido en la compañía de seguros New York Life, y a él también le iba bien. Nos comprometimos el día de San Valentín [Día de los Enamorados], y este fue el momento más sobresaliente de mi vida.»

Comenzaron a hacer planes para casarse en el verano. Pero luego, por algún motivo inexplicable, el estado de ánimo de John empezó a cambiar. Ya no era tan gentil con Wendy y se volvió brusco y exigente. ¿Acaso los malos recuerdos de su matrimonio anterior le estaban produciendo agitación? Ella no tenía cómo saberlo. Él quería intimidad física, y cuando ella se negó hasta el casamiento, él se molestó.

En menos de tres meses Wendy supo que él estaba satisfaciendo sus deseos en otra parte y de inmediato cortó el compromiso.

«Ahora sí que me sentía sola», dijo ella. «Y no estaba lo suficientemente cerca de Dios para pedir su ayuda. Me hundí aun más en la bebida. Ahora parecía que cada vez que bebía, me volvía enojada y agresiva, lo cual me llevó a arruinar algunas fiestas y a hacer que mis amistades se alejaran de mí. En forma gradual me retraje sumida en depresión; cada día me limitaba a volver del trabajo a casa, y me recluía en mi habitación hasta la mañana siguiente.»

Este estilo de vida infeliz siguió hasta que Wendy llegó a la edad de veinticinco años. De repente su padre se enfermó y falleció. Poco antes se había convertido a Cristo y ambos disfrutaron de unas pláticas afectuosas entre los dos. Su muerte fue un fuerte golpe para Wendy.

Dos semanas después del entierro, por fin Wendy estaba dispuesta para escuchar al Señor. Era como que él le decía, *Wendy, es hora de volver a casa*, y ella respondió. Un gran alivio invadió su espíritu cuando el Padre celestial, que ella había rechazado durante tanto tiempo, la volvió a recibir en sus brazos.

Al domingo siguiente fue a Brooklyn Tabernacle. Ya no había el antiguo legalismo —¡incluso vio algunas mujeres que se habían puesto pantalones!— en cambio, el amor y la gracia de Dios llenaba el lugar. Wendy empezó a crecer en el Señor, desarrollar amistades cristianas, participar del grupo de solteros, y hasta comenzó a cantar en el coro.

Pasaron los años. Wendy era una bendición para todos nosotros. En su interior, por supuesto, su deseo por casarse era tan intenso como siempre. Oraba en silencio: *Dime, Dios, ¿dónde está él?* Y Dios no parecía responder a esa pregunta sincera. Mientras tanto vio cómo se casaba una amiga tras otra en la iglesia.

Llegaron sus treinta años y pasaron… luego los treinta y cinco. A estas alturas estaba preocupada pensando que el plan de Dios para su vida no incluía casamiento ni maternidad. Esa posibilidad le producía gran tristeza. No le veíamos tantas sonrisas en el rostro.

Un sábado, estando sola en su casa, dedicó un tiempo para buscar al Señor. Dos de sus hermanas estaban pasando dificultades y quería interceder por ellas. Pero aun más le interesaba hablar con Dios acerca de su soltería. Empezó a quejarse. El tiempo de oración «se convirtió en un tiempo dedicado de lleno a la conmiseración propia», admitió ella.

Como respuesta, el Señor parecía decirle: «Wendy, estás sufriendo porque has desviado la vista de mí y la has dirigido a esa situación. Te has olvidado que yo soy la fuente de toda felicidad. Las circunstancias no tienen importancia. Mantén la vista fija en mí.»

Una oscura nube se le quitó de encima al responder: «Está bien, Señor, pondré mi deseo de tener un esposo "sobre el altar", por así decirlo. Te lo entregaré a ti. Adelante, haz que arda como una ofrenda. Consúmelo. Dejaré de quejarme por esto.»

Volvió la paz a su alma y Wendy siguió adelante con su vida. El único cambio fue que, después de diecisiete años en New York Life, renunció a ese trabajo para aceptar una invitación a unirse al personal de nuestra iglesia. Pasó a ser una bendición aun mayor.

No puede ser...

LUEGO, COMO UN AÑO MÁS TARDE, vino un hombre a solicitar la ayuda del pastor Michael Durso en Christ Tabernacle, una de nuestras iglesias hijas en el barrio de Queens. Durante una cita en la oficina del pastor, entregó su vida a Cristo. Su nombre era John Alvear... el mismo John de unos años antes.

En poco tiempo apareció por nuestra iglesia buscando a Wendy. Un par de miembros del coro le hicieron llegar el mensaje, el cual le produjo una repentina aprensión. Pensó: «¿John quiere volver a mi vida? ¡No puede ser! No puedo lidiar con esto. ¡Debe ser una trampa del enemigo! Las personas dijeron que se había entregado a Cristo y que ahora estaba sirviendo al Señor, pero aun así...»

Wendy lo evitó durante bastante tiempo, aunque finalmente accedió a salir con él junto con un grupo grande de amigos. Era verdad que su actitud había cambiado, había pasado a ser una nueva criatura en Cristo. Empezaron a verse y floreció un cálido afecto.

A Wendy le seguía preocupando la idea de involucrarse con «un bebé en Cristo», según decía ella. Al fin y al cabo, ella ya llevaba una década de andar con el Señor siendo adulta, y John solo tenía cuatro meses en la vida cristiana. Ella lo instó a hablar con el pastor Dan Iampaglia, uno de nuestros asociados en aquel entonces.

John y Dan almorzaron juntos. Al día siguiente en la oficina, Wendy quería saber cómo les había ido.

«Él parece ser muy agradable y sincero», dijo el pastor Iampaglia. «Creo que su andar con el Señor es genuino.»

Ni siquiera eso era suficiente. A continuación, Wendy quiso hablar conmigo. En nuestra conversación le dije: «No sientas temor por lo que Dios está haciendo en tu vida. John es un hombre muy especial.»

Todavía le preocupaba saber si John era el que Dios había escogido para su vida después de tanto tiempo. Un día John la llamó al trabajo. Empezaron a hablar acerca de su relación. Con suma sinceridad John le dijo: «Solo trato de seguir el plan de Dios para mí; eso es lo más importante en mi vida. La verdad es que nunca dejé de amarte. Pero lo que más deseo es hacer la voluntad de Dios… aunque no te incluya.» Al decir eso, su voz se quebró al brotarle las lágrimas y Wendy empezó a llorar también.

Y así fue que a la edad de treinta y siete años, finalmente Wendy llegó a ser una novia. Su casamiento fue una explosión de gozo. ¡Qué pareja especial pasó a ser en la vida de nuestra iglesia!

Wendy temía que había esperado demasiado tiempo para poder ser madre. Pero al año siguiente le dieron la bienvenida a su hogar a la pequeña Jeniece Rebecca. A la edad de treinta y nueve años dio a luz a John Eric. Recientemente compraron una casa en el municipio de Staten Island, que está del otro lado del puerto de Brooklyn.

Esa noche, al concluir sus palabras a la iglesia dijo: «Hagan lo que hagan, ¡sigan buscando la voluntad de Dios para su vida! No se conformen con nada menos. Esperen en Dios, él sabe dar lo mejor.»

Permita que Dios mismo lo haga

A MENUDO, LA PARTE MÁS DIFÍCIL de la fe es sencillamente esperar. Y el problema es que si no lo hacemos, empezamos a arreglar el problema nosotros mismos, y eso hace que se empeore. Complicamos tanto la situación que a Dios le lleva mucho más tiempo componerla que si desde el principio hubiéramos esperado en silencio hasta que él obrara.

Con frecuencia el horario de Dios es un misterio para nosotros, incluso una frustración. Pero no debemos darnos por vencidos. No debemos intentar encontrar nuestras propias soluciones. Por el contrario, debemos seguir creyendo y esperando en Dios. No estaremos solos al esperar pacientemente la respuesta a su tiempo. Nos uniremos a la gran multitud de santos de todos los tiempos cuya fe fue probada y purificada al esperar en Dios.

Con frecuencia el horario de Dios es un misterio para nosotros, incluso una frustración. Pero no debemos darnos por vencidos. No debemos intentar encontrar nuestras propias soluciones.

A esto se refería el salmista cuando testificó: «Puse en el SEÑOR toda mi esperanza» (Salmo 40:1). En lugar de hacerse cargo del asunto, o de perder la esperanza de que llegara la ayuda de Dios, David aprendió a esperar a que Dios llevara a cabo el plan en su horario. Después de un tiempo, Dios demostró ser fiel como siempre, pues David siguió su historia al agregar: «Él se inclinó hacia mí y escuchó mi clamor. Me sacó de la fosa de la muerte, del lodo y del pantano; puso mis pies sobre una roca, y me plantó en terreno firme» (Salmo 40:1-2). Todo fue glorioso, pero ocurrió después de un tiempo de esperar por fe.

No se dé por vencido hoy, y no ceda ante las voces de incredulidad e impaciencia. Recuerde las siguientes palabras de una bella canción de la que he disfrutado mucho a lo largo de los años:

Siga creyendo en lo que es verdad;
siga creyendo; el Señor lo acompañará.
Cuando surjan problemas y no sepa qué hacer,
estará bien si no deja de creer.

OCHO
Cómo vencer el desaliento

CUANDO ALGUIEN DICE algo descabellado aquí en la ciudad de Nueva York, una frase que se usa comúnmente para restarle importancia es «Vuelva a la realidad» , es decir, por favor bájese de las nubes y hable de manera lógica. Donde sea que viva usted, estoy seguro de que ha escuchado el mismo tipo de crítica: alguien que «no es realista». Que no está afirmado en la realidad. No es como el resto de nosotros, los inteligentes que vivimos con felicidad con ambos pies bien puestos en el mundo real.

Permítame que le cuente acerca de cierta ocasión en la que un grupo de personas muy listas demostró gran *realismo* basado en verdades obvias... y el resultado fue desastroso. Moisés había sacado de Egipto al pueblo hebreo en respuesta a la promesa de Dios de darles una tierra maravillosa. Luego de recibir los Diez Mandamientos y otras instrucciones de parte de Dios, Moisés envió a doce espías para inspeccionar a Canaán. Dios ya había dicho que se las daría; en efecto, ya hacía varios cientos de años que había hecho esa promesa a Abraham.

Moisés envió a los doce con la simple tarea de recopilar información, no para que formaran opiniones. Lo único que les asignó fue: «Exploren el país, y fíjense cómo son sus habitantes, si son fuertes o débiles, muchos o pocos. Averigüen si la tierra en que viven es buena o mala, y si sus ciudades son abiertas o amuralladas. Examinen el terreno, y vean si es fértil o estéril, y si tiene árboles o no" (Números 13:18–20). Parece una tarea para investigar en la enciclopedia que una maestra de geografía de quinto grado le da a su clase.

Nadie les pidió que arribaran a conclusiones. Nadie les pidió que evaluaran las perspectivas de éxito militar. Dios ya había garantizado eso.

Sin embargo, cuando regresaron de su excursión, diez de los espías excedieron con creces la tarea asignada. Presentaron los datos de manera precisa, e inmediatamente pasaron a ser «realistas» al agregar: «No podremos combatir contra esa gente. ¡Son más fuertes que nosotros! ... La tierra que hemos explorado se traga a sus habitantes, y los hombres que allí vimos son enormes ...Comparados con ellos, parecíamos langostas, y así nos veían ellos a nosotros» (Números 13:31–33). Esto se oponía a todo lo que Dios había prometido, y de esta manera, su realismo lógico afectó el destino de toda una generación de israelitas. De inmediato, el pueblo se alarmó y empezó a murmurar contra Dios.

¿Quién se imaginaría que estos hombres causarían un histórico punto de decisión? ¿Cómo saber que este informe y el desaliento que incitó llegarían a provocar a Dios al punto de decir: «Basta, se acabó. Ahora ya no entrarán en Canaán; en cambio, durante otros treinta y ocho años serán peregrinos en este desierto. A decir verdad, casi todos los que hoy están presentes nunca entrarán a la tierra prometida. Envejecerán y morirán aquí en las arenas de este desierto.»

Lo que resulta particularmente asombroso es que estas personas ya habían visto a Dios hacer unas cuantas cosas sobrenaturales. Habían sido testigos de las diez notables plagas de Egipto. Habían entrado al Mar Rojo por fe, creyendo que la milagrosa división de las aguas permanecería así hasta que ellos cruzaran. Habían visto cómo Dios sacudía una montaña con poder estruendoso. Habían observado a Moisés descender con la ley divina escrita en piedra por el dedo de Dios.

No obstante, ahora escogían creer un informe humano en lugar de la promesa de Dios. La Biblia de las Américas describe como «un mal informe» (Números 13:32) el resumen presentado por los diez espías. La Nueva Versión Internacional es aun más fuerte: «falsos rumores». ¿Por qué el informe era tan malo? Al fin y al cabo sus datos eran correctos. Era verdad que los israelitas no podían competir con las temibles tribus de Canaán. Pero este informe que presentaron estaba plagado de incredulidad y produjo un profundo desaliento entre el pueblo de Dios. Dios se irritó ante su desconfianza.

¿Creemos lo que nos dictan nuestros sentimientos o circunstancias , o creemos lo que Dios ha prometido hacer?

Miles de años después, poco ha cambiado para el pueblo de Dios: ¿Creemos lo que nos dictan nuestros sentimientos o circunstancias, o creemos lo que Dios ha prometido hacer?

Cómo vencer «La Gran D»

Esta historia nos enseña varias cosas:

Lo importante no es iniciar la carrera, sino acabarla. Estas personas, al ceder ante el desaliento, nunca llegaron a ver el cumplimiento del propósito de Dios en su vida. En la actualidad, a veces nos engañamos con una teología que dice entre dientes: «Pues bien, de alguna manera Dios se encargará de todo. No importa lo que hagamos; el Señor es soberano, ¿no es así?» ¡No es exactamente así!

La verdad es que sin fe es imposible agradar a Dios. Recibimos cosas —incluso las cosas que Dios nos ha prometido— únicamente si tenemos fe. Como dijo Jesús a dos ciegos: «Se hará con ustedes conforme a su fe» (Mateo 9:29). Eso significa que mi vida o la suya solo recibe de Dios tanto como nuestra fe lo permita. Nos apropiamos de las promesas de Dios únicamente por la fe. Dios está buscando un pueblo que le crea y acepte su Palabra a pesar de lo que nos dicten nuestras circunstancias o lo que otros nos digan.

Josué y Caleb, la «minoría» entre los espías, eran personas de ese tipo que creían en la promesa de Dios. Caleb dijo: «Subamos a conquistar esa tierra. Estoy seguro de que podremos hacerlo» (Números 13:30). Sin embargo, habían visto a los mismos enemigos que vieron los otros espías. Por esa razón, en Números 14:24, Dios expresó ese maravilloso elogio diciendo: «Mi siervo Caleb ... ha mostrado una actitud diferente y me ha sido fiel.» Como resultado de esta disposición de ponerse del lado de la promesa de Dios, a Caleb y Josué se les permitió entrar a la tierra. En cambio, los otros diez espías —junto con uno o dos millones más— fallecieron en el camino.

A lo largo de nuestra vida, se nos presiona para que nos detengamos y abandonemos nuestro llamado. La persona más espiritual del mundo se siente tentada al desaliento. Recuerdo haber visto una entrevista que le hizo David Frost a Billy Graham y Ruth, su esposa encantadoramente sincera. David Frost dijo algo así: «Así que ambos oran juntos y leen juntos la Biblia en forma asidua. Pero dígame la verdad, señora Graham, en todos estos años de vivir con Billy, ¿alguna vez han tenido problemas o desacuerdos? ¿Acaso no ha contemplado el divorcio una vez siquiera?»

«Ni una vez», respondió rápidamente. «Asesinato, algunas veces, ¡pero divorcio no!»

Es obvio que hay desafíos que se deben superar incluso en el hogar de Billy Graham. Usted y yo nos enfrentamos a nuestras propias dificultades, pero el asunto más importante es llegar al final de nuestra vida y seguir confiando en Dios, como hacen el evangelista y su esposa.

A decir verdad, las batallas más grandes de la tierra no se han librado en las playas de Normandía, en Iwo Jima ni en el golfo Pérsico. Más bien han rugido dentro de su corazón y el mío: la batalla de la fe. Con razón al apóstol Pablo le interesaba saber de la fe de los tesalonicenses. El justo no solo debe empezar por la fe sino que también debe seguir viviendo por la fe (véase Romanos 1:17). La fe es tan esencial para el diario vivir como para la salvación inicial.

Según dijo Atanasio, uno de los padres de la iglesia de los primeros tiempos: «Nada puedo hacer sin la ayuda de Dios, y esa ayuda a cada momento; pues mientras estemos en la tierra, ¿cuándo hay un solo instante en el que podamos decir que estamos a resguardo de la tentación o protegidos del pecado?»[1] Solo la gracia de Dios puede guardarnos, y dicha gracia se activa por la fe.

Caleb anduvo en esta actitud de fe durante toda su vida. El libro de Josué lo muestra de anciano, mucho tiempo después de la incursión como espía, presentando una vehemente alocución a su compañero Josué, igualmente anciano, que ahora está a cargo de la nación:

Yo tenía cuarenta años cuando Moisés, siervo del SEÑOR, me envió desde Cades Barnea para explorar el país, y con toda franqueza le informé de lo que vi. Mis compañeros de viaje, por el contrario, desanimaron a la gente y le infundieron temor. Pero yo me mantuve fiel al SEÑOR mi Dios...

Ya han pasado cuarenta y cinco años desde que el SEÑOR hizo la promesa por medio de Moisés, mientras Israel peregrinaba por el desierto; aquí estoy este día con mis ochenta y cinco años: ¡el SEÑOR me ha mantenido con vida! Y todavía mantengo la misma fortaleza que tenía el día en que Moisés me envió. Para la batalla tengo las mismas energías que tenía entonces. Dame, pues, la región montañosa que el SEÑOR me prometió en esa ocasión. Desde ese día, tú bien sabes que los anaquitas habitan allí, y que sus ciudades son enormes y fortificadas. Sin embargo, con la ayuda del SEÑOR los expulsaré de ese territorio, tal como él ha prometido.

Josué 14:7-8,10—12

¡Caleb nunca se jubiló! Siguió marchando, y su fe lo mantuvo joven y fuerte de corazón. Quiso luchar hasta el final contra los enemigos del Señor por más arraigados que parecieran estar. Sabía que Dios podía hacer cualquier cosa, y quería participar de las obras de Dios todo el tiempo que pudiera. Por lo visto, el desaliento nunca llegó a minar su vigor espiritual.

Ahora vemos la importancia de ese versículo en Hebreos que dice así: «No dejemos de congregarnos, como acostumbran hacerlo algunos, sino *animémonos unos a otros*, y con mayor razón ahora que vemos que aquel día se acerca» (10:25). El hecho de asistir a la iglesia y tener comunión cristiana nunca debiera producirnos desaliento; ya bastante de eso hay a nuestro alrededor. Aun cuando Dios nos escudriñe el corazón de modo directo por causa del pecado, debemos salir del edificio animados, porque en cuanto el Espíritu revela nuestra desobediencia, trae limpieza y fortaleza al corazón. Él hará que veamos sus promesas y su amor bajo una luz nueva y clara.

Uno de los nombres principales del Espíritu Santo es «el Consolador». Y uno de los nombres principales del diablo, a quien le gusta hacerse pasar por el Espíritu Santo, es «el acusador».

Uno de los nombres principales del Espíritu Santo es «el Consolador». Y uno de los nombres principales del diablo, a quien le gusta hacerse pasar por el Espíritu Santo, es «el acusador». El Consolador nos anima y nos edifica. El acusador está dedicado a derrumbarnos.

Las esposas que son negativas y desalentadoras en ocasiones pueden causar más daño en sus hogares que cualquier adicción a drogas. Los esposos que menosprecian a su familia y se oponen a las promesas de Dios están hollando terreno peligroso. ¡Están siguiendo los pasos de los diez espías! Otra vez están repitiendo: «Sí, pero... Parece bueno, pero no podemos...»

En nuestra nación estamos librando una tremenda guerra contra el cáncer. Estamos invirtiendo enormes su-

mas de dinero para luchar contra esta horrible enfermedad que invade a millones de personas. Ojalá en el campo
espiritual nos esforzáramos de igual manera a fin de de-
rribar otro tipo de enfermedad mortal: el desaliento. No
mata el cuerpo sino el alma. La destrucción espantosa que
causa en el pueblo de Dios es mayor de lo que cualquiera
pudiera calcular.

A menudo he estado sentado en mi oficina intentando
aconsejar a parejas que saben que están en dificultades.
Son completamente precisos en cuanto a los hechos superficiales de su situación. Pero también son tan negativos y
pesimistas que dan ganas de gritar. No tienen fe ni esperan ver el cumplimiento de lo que Dios ha prometido hacer
para su pueblo.

---

*El único hospital que puede tratar
la enfermedad mortal del desaliento
es el hospital de la Palabra de Dios, cuyo
administrador es el Espíritu Santo. u*

Trate de contar todas las veces que en la Biblia el Señor
nos dice: «Cobra ánimo», «No temas», «No tengas temor».
En la batalla es siempre importante no rendirnos ante lo
que vemos a nuestro alrededor sino aferrarnos a las promesas de Dios.

El único hospital que puede tratar la enfermedad del
desaliento es el hospital de la Palabra de Dios, cuyo administrador es el Espíritu Santo. Solo allí se puede elevar
nuestro espíritu.

Habladurías

*El enemigo usa a las personas comunes para desalen-
tarnos.* ¿Qué provocó todas esas dificultades ese día en el
desierto? No fue ningún demonio con tridente. Fueron las
habladurías, no de forasteros paganos, sino de personas
que integraban la comunidad israelita, personas que todos

reconocían y respetaban; personas escogidas por el mismo Moisés.

Es muy importante que tengamos cuidado con quién hablamos. Algunas voces *no* nos convienen. A algunas personas es mejor evitarlas. Los que son negativos y en realidad no creen en Dios tendrán un efecto sobre su espíritu. Dios le dará sabiduría para cambiar el tema o incluso salirse de la situación sin ofender.

Emociones inestables

El desaliento es lo que instiga otras reacciones. En Números 14:1 se lee: «Aquella noche toda la comunidad israelita se puso a gritar y a llorar.» El campamento entero estalló en llanto de conmiseración. Si bien las lágrimas delante de Dios suelen ser de gran valor en las páginas de las Escrituras, este llanto fue causado más por incredulidad y temor.

Dejemos de culpar al pastor que tuvimos una vez o a nuestra niñez, o a las circunstancias o cualquier otra cosa por causa de nuestra incredulidad. No hay ninguna excusa para no creer en el Señor.

He escuchado a ciertas personas orar con emoción, pero su falta de fe hacía que sonara más como los israelitas aquel día en sus tiendas. En realidad no estaban derramando su alma delante de Dios con fe sino más bien expresando su temor y frustración.

Las lágrimas de los israelitas pronto desembocaron en blasfemia. ¡Empezaron a acusar a Dios de sacarlos de Egipto con el único fin de dejarlos morir (v. 3)! Imagínese la blasfemia de esa declaración, y sin embargo, todo empezó sencillamente al dudar ellos que el Señor cumpliría lo que había prometido. Ahora cayeron en un hoyo más profundo diciendo cosas terribles acerca del Dios de Israel.

Luego (v. 4) estaban hablando de deshacerse de Moisés. El desaliento los llevó desde las emociones alteradas y la blasfemia hasta la rebelión. Todo se estaba viniendo abajo. «Es culpa del que está en autoridad», dijeron. ¿Cuántas iglesias se han desmoronado porque las personas dejaron de centrar su atención en el poder de Dios y, en un abrir y cerrar de ojos, querían deshacerse del pastor?

Dejemos de culpar al pastor que tuvimos una vez o a nuestra niñez, o a las circunstancias o cualquier otra cosa por causa de nuestra incredulidad. No hay ninguna excusa para no creer en el Señor. Cristo sigue desafiándonos como lo hizo con Pedro esa noche en el lago. A pesar de que estaba caminando sobre el agua, «al sentir el viento fuerte, tuvo miedo y comenzó a hundirse. Entonces gritó:

—¡Señor, sálvame!

En seguida Jesús le tendió la mano y, sujetándolo, lo reprendió:

—¡Hombre de poca fe! ¿Por qué dudaste?» (Mateo 14:30-31).

Fe de largo alcance

Ahora vemos finalmente por qué la Biblia tantas veces subraya el gran valor de la *perseverancia*. Esa virtud no se menciona con frecuencia en nuestros días. Tendemos más a cosas espectaculares como predicaciones grandilocuentes y dones espirituales dinámicos. Pero la fe perseverante que se aferra a Dios, soportando todas las situaciones diversas de la vida por difíciles que sean, *eso* es algo que debemos pedirle a Dios cada vez más.

Vincent y Daphne Rodríguez son personas firme en el Señor, sal de la tierra, como a todo pastor le agradaría tener en la congregación. Viven en Queens, y durante toda la vida él ha sido un típico y confiable cartero del Servicio Postal, mientras que ella es una dedicada ama de casa atendiendo a sus tres hijos.

Un verano, mientras servía como voluntario en un campamento de niños en las montañas Catskill, Vincent sintió compasión por los niños que conoció que no tenían padre. Él y su esposa hablaron acerca de la falta de amor y cuidado que tenían estos niños. Con el tiempo, los Rodríguez, que en aquel entonces tenían poco más de cuarenta años de edad, presentaron al Ejército de Salvación su solicitud para ser padres adoptivos.

Apenas acababan de hacer el curso de capacitación cuando, unos pocos días antes de la Navidad de 1988, sonó el teléfono a la una de la mañana. Una pobre bebita en el hospital Beth-Israel —que había nacido más de un mes prematura y era adicta a cocaína crack, heroína y morfina— necesitaba un hogar. Por fin había logrado llegar a un peso de cinco libras y ahora podía ser entregada al cuidado de padres adoptivos. Su madre era una joven adicta, obviamente no apta, que pasaba la mayor parte de su tiempo en las calles como prostituta. ¿Aceptarían Vincent y Daphne a la bebé?

«No sabíamos nada acerca de la adicción en bebés» dice Daphne, una mujer callada como su esposo. «Nos imaginábamos que probablemente nos darían un bebé saludable que quizá provenía de un medio ambiente económico pobre. Dijimos que sí, sin saber en qué nos metíamos.»

A las diez de la noche del día siguiente, en la puerta de su casa había dos trabajadores sociales con un bulto pequeño envuelto en mantas. Durante las siguientes veinticuatro horas, ¡la familia Rodríguez casi no hizo más que rodear a la niña y admirarla! Cuando lloraba, lo cual sucedía con frecuencia, la pasaban de brazo en brazo. «Sentíamos mucha pena por ella», dice Vincent. «La niña fue nuestro regalo de sorpresa de Navidad, y estábamos felices de que Dios nos la había traído.»

Pero su aspecto no era completamente normal, ya que la tensión producida por el síndrome de abstinencia parecía estar grabada en su pequeño rostro. En la iglesia, la dedicamos al Señor en un culto de domingo por la tarde cuando pesaba seis libras, a pesar de tener ya dos meses de edad. Me quebranté al levantarla delante del Señor, y en cierto modo la congregación la adoptó como si fuera su propia hija.

En casa, se iban adaptando a las realidades del cuidado de una recién nacida con muchos problemas. Se movía, temblaba y lloraba constantemente a causa del dolor producido por la abstinencia. Daphne estaba preparada para alimentarla en medio de la noche, aunque por supuesto, no tenía la expectativa de estar levantada cada dos horas, preparando más leche para calmar el sistema nervioso irritable de la bebita. Caminaba de un lado a otro de la habitación, mientras sostenía apretada a la niña para brindarle un sentido de seguridad. A medida que avanzaban las semanas, esto se iba convirtiendo en una prueba mucho más dura de la que Daphne esperaba. Y a pesar de esto, ellos habían sentido que Dios los guiaba a aceptar a esta criatura.

«Constantemente me repetía que Dios tenía su mano sobre ella, porque le había permitido que viviera, a pesar de haber pesado solo dos libras y media [1.135 gramos] al nacer», dice Daphne. «Ni siquiera se le había dado un nombre. De modo que nosotros escogimos uno, a sugerencia de nuestra hija adolescente, elegimos un hermoso nombre bíblico: Hannah.»

Daphne calculó que si cada tarde cuando regresaban de la escuela, dejaba a sus hijas adolescentes a cargo de la bebita, ella al menos podría hacer una siesta a fin de fortalecerse y estar preparada para la noche que tenía por delante. De otro modo, solo podía dormir a intervalos de una hora. Incluso se alteró el sueño de Vincent.

«Pero no bajé los brazos, aunque estaba agotada o no me sentía bien», recuerda ella. «A lo largo del día intentaba calmarla con música cristiana. Una grabación en particular —"I Exalt Thee" [Te exalto] de Phil Driscoll— parecía apaciguar su temblor cuando estaba en el moisés. Todos los días pasábamos esa grabación y el llanto se detenía.»

Cuando los veía en la iglesia y les preguntaba cómo les iba, Daphne sencillamente se encogía de hombros mientras decía: «Pastor, ¡es muy difícil! Pareciera que ella me necesita toda la noche; no me es posible dormir.» Yo estaba preocupado, y más de una vez pedí a toda la congregación que siguiera presentando la situación de ellos delante del trono de la gracia de Dios.

Con el transcurrir del tiempo, la salud de Hannah mejoró. Aumentó de peso. Al completar el primer año, por fin empezó a dormir toda la noche. Gateó y caminó más tarde de lo acostumbrado, pero era de esperarse. También lo era su hiperactividad.

Con una dieta estable de amor y oración, siguió hasta llegar a la etapa ambulatoria. Sin embargo, al anticiparse a los años escolares, Daphne vislumbraba dificultades. ¿Sería posible que esta niña permaneciera sentada y aprendiera? Hizo que estudiaran a Hannah a fin de determinar si sufría de trastorno por déficit de la atención, y eso llevó a que se la colocara en un programa de educación especial a partir de la edad de tres años y medio hasta los cinco. Esto también dio a esta cansada mamá un muy necesitado descanso de su vigilia diaria.

Cuando Hannah llegó a la edad de cinco años, Vincent y Daphne concretaron la adopción formal de la niña. Casi ni se había secado la tinta del decreto de adopción transfiriéndoles la responsabilidad en forma permanente cuando surgió un problema completamente nuevo. Hannah se enfermó de un resfrío que no lograba superar; la cara se le puso muy seca y tenía manchas. Su condición no mejoraba y finalmente Daphne la llevó al médico y solicitó que le hicieran una evaluación física completa. Dos días después, llamó una enfermera.

—Debe volver para una consulta.

—¿Por qué? —preguntó Daphne—. ¿Qué pasa?

—Pues, ha aparecido algo que no se ve bien. Las enzimas del hígado están muy elevadas. Será necesario que repitamos estos análisis.

Pronto se supo la verdad: La niñita, que ya había luchado contra la adicción a drogas pasadas de su madre biológica, también padecía de hepatitis C, una grave enfermedad que quita energía, a veces hace que los ojos y la piel se vuelvan amarillos y va deteriorando el hígado con el paso del tiempo.

—Dios mío, ¿cómo es posible esto? —exclamó Daphne—. Después de todo lo que ya hemos pasado con Hannah... ¿Cómo no se descubrió esto cuando nació?

Tantas preguntas, tan pocas respuestas. El desaliento invadió a la familia asediada. Cuando me comunicaron la mala noticia, supe que se había iniciado para todos nosotros en la iglesia una nueva batalla de fe para Hannah.

Reclutamos los esfuerzos de la Banda de Oración de Brooklyn Tabernacle (el grupo que intercede las veinticuatro horas del día, siete días a la semana), los miembros del coro y de todos los demás que pudimos. Juntos nos pusimos de acuerdo en que antes que nada Dios había creado a esta preciosa criatura, la había ayudado a superar todos los terrores del síndrome de abstinencia, y ahora nos afirmamos unidos por fe contra esta amenaza más reciente. «Dios debe tener pensado usarla para algo grandioso», dijimos.

Con el tiempo y con la ayuda del Ejército de Salvación, obtuvieron la ayuda de un especialista jefe del Hospital de niños Schneider, parte del Long Island Jewish Medical Center (el complejo médico judío de Long Island), que se hizo cargo del caso de Hannah. Este la puso bajo un régimen de medicamentos para luchar contra la enfermedad. Vincent hasta se armó de valor para dar inyecciones a su hija, lo cual fue necesario tres veces por semana durante los siguientes dieciocho meses. Su condición se estabilizó.

A lo largo de los grados de la escuela primaria, Hannah tuvo dificultades para mantenerse al día con sus estudios. Con frecuencia se veía a Daphne por los pasillos de la escuela procurando la ayuda de los maestros a fin de encontrar soluciones para su niña. Gradualmente fueron mejorando sus calificaciones. Daphne y Vincent nunca se dieron por vencidos, a pesar de los nuevos obstáculos que pudieran aparecer. Simplemente se negaron a dejar de luchar por Hannah.

En la actualidad, la hepatitis C de Hannah está en remisión, y se han suspendido las medicaciones. Es una bella niña de rostro redondo y sonrisa tímida. «Estamos confiando en que el Señor la está sanando por completo», dice Vincent. «¡Qué testimonio podrá dar en los años venideros! A veces le digo a mi hija: "¡Algún día te tocará pararte sobre el edificio más alto de la ciudad y contar a todos tu historia!" Siempre que digo eso sonríe, y yo también. El milagro se acerca.»

Mantengamos el curso

El apóstol Pablo sabía que este tipo de perseverancia espiritual era vital para sus hijos espirituales. Les dijo que nunca había dejado de pedir que fueran «fortalecidos en todo sentido con su glorioso poder. Así perseverarán con paciencia en toda situación, dando gracias con alegría al Padre» (Colosenses 1:11-12). Los presentó tiernamente delante de Dios en oración, para que pudieran seguir corriendo la carrera, a pesar de los ataques que sufriera su fe.

A la larga, muchos dones y talentos
sensacionales no tienen significado.
Cuanto más vivo, más valoro a las personas
que sencillamente perseveran
en su andar con Dios.

A la larga, muchos dones y talentos sensacionales no tienen significado. Cuanto más vivo, más valoro a las personas que sencillamente perseveran en su andar con Dios. No están arriba ni abajo, a la izquierda ni a la derecha; siempre mantienen un curso estable, alabando a Dios y creyendo su Palabra.

De la misma manera que nuestro cuerpo necesita fuerzas para seguir funcionando, nuestro espíritu necesita perseverancia. Cuando nuestra fe se debilita por medio del desaliento, nos resulta difícil afirmarnos sobre las promesas de Dios. Nos cuesta decir que no a la tentación. Es fácil ceder al diablo. La enfermedad mortal del «desaliento» amenaza con apagar nuestra vida espiritual. Pero con Dios, contamos con el poder de resistir el desaliento. Él puede darnos el espíritu de Caleb y Josué que vence a pesar de las dificultades que debamos enfrentar.

Nótese, por favor, que Pablo *ora* pidiendo perseverancia. No se trataba de algo que pudiera transmitirse mediante la enseñanza verbal a los creyentes de Éfeso. Esta maravillosa fortaleza debía venir directamente del trono de la gracia de Dios.

Y *seguirá* viniendo mientras *sigamos* pidiendo y confiando en nuestro Dios.

NUEVE
Gracia mayor

MUCHAS VECES AL FINALIZAR nuestro culto, conozco en el altar a personas que se sienten tan avergonzadas que a menudo ni siquiera me miran a los ojos. Tienen los hombros caídos; la mirada clavada en la alfombra. Percibo que no tienen fe para pedir la misericordia de Cristo. La alabanza y adoración parecen imposibles. Están viviendo bajo la pesada carga de su propio fracaso, sin esperanza de que su vida pueda ser restaurada. Ahora se sienten demasiado indignos para tener la expectativa de recibir bendiciones de un Dios santo y recto.

No me estoy refiriendo únicamente a personas que tienen los problemas estereotipados de las zonas urbanas deprimidas: drogas, prostitución, o lo que sea. Se trata de personas de aspecto normal que sencillamente han cedido a un pecado que los asedia con tanta frecuencia que están convencidos de que nunca podrán superarlo.

A menudo, mientras la congregación adora cantando una canción como «Gracia, gracia, gracia de Dios; que perdona y limpia el ser», noto que la persona frente a mí no está cantando. Es porque no está segura de que la canción pudiera ser una realidad para ella. A veces, con gentileza intento levantarle el mentón o quizá levantar sus manos en un gesto de apertura a Dios.

¡Cómo me gusta traer a la memoria de estas personas un personaje bíblico cuya historia a menudo se pasa por alto! Quizá no lo considere un fracaso, porque su nombre, en efecto, aparece muy bien acompañado. Uno de los lugares donde aparece es la primera página del Nuevo Testamento, donde en las líneas de apertura se lee:

Tabla genealógica de Jesucristo, hijo de David, hijo de Abraham:

Abraham fue el padre de Isaac; Isaac, padre de Jacob; Jacob, padre de *Judá* y de sus hermanos; *Judá*, padre de Fares y de Zera, cuya madre fue Tamar.

Mateo 1:1–3

¡Qué bien ordenado! Este pasaje establece un claro rastro desde Abraham, el padre de la nación judía, hasta Jesús, a fin de que todos en el primer siglo supieran que este Mesías era un judío completo. En su recorrido, ese rastro pasa directamente por Judá y su familia.

Luego, en una de las últimas páginas del Nuevo Testamento, el apóstol Juan escribe:

En la mano derecha del que estaba sentado en el trono vi un rollo escrito por ambos lados y sellado con siete sellos. También vi a un ángel poderoso que proclamaba a gran voz: «¿Quién es digno de romper los sellos y de abrir el rollo?» Pero ni en el cielo ni en la tierra, ni debajo de la tierra, hubo nadie capaz de abrirlo ni de examinar su contenido. Y lloraba yo mucho porque no se había encontrado a nadie que fuera digno de abrir el rollo ni de examinar su contenido. Uno de los ancianos me dijo: «¡Deja de llorar, que ya el León de la tribu de *Judá*, la Raíz de David, ha vencido! Él sí puede abrir el rollo y sus siete sellos.»

Apocalipsis 5:1–5

¡Qué maravilloso que a pesar de que muchos otros quedaran descalificados, alguien que provino de la tribu de Judá cumpliera los requisitos para poder abrir los misterios de Dios! Esa persona, por supuesto, fue Jesucristo.

Este Judá debe haber sido un hombre muy piadoso, ¿verdad? De todos los doce hijos de Jacob, solo él se menciona en la genealogía de Cristo. Los otros once fueron pasados por alto por Dios. En el punto culminante de la historia en el cielo, se proclama que un descendiente de Judá es digno mientras que todos los demás quedan descalificados. Cuando algún día lleguemos al cielo, sin duda seguiremos escuchando su nombre con frecuencia.

Pero, ¿qué sabe usted acerca de este hombre llamado Judá?

Una historia vergonzosa

A JUDÁ SE LE DEDICA UN CAPÍTULO entero de la Biblia (Génesis 38) y ese es el mejor lugar para llegar a conocerlo. Es decir, si puede soportarlo. (Tal vez sería mejor que no leyera este capítulo en voz alta a sus hijos al hacer devocionales en familia.)

Empieza contando cómo Judá se aleja del resto de la familia y se casa con una mujer cananea (vv. 1-2). Ese fue su primer error. Su tío, Esaú, ya había recorrido ese mismo camino, metiéndose en un lío por casarse con alguien que no estaba entre los que servían al único Dios verdadero (véase Génesis 26:34-35). Por causa de esto, los abuelos de Judá hicieron todo lo posible para asegurarse de que su otro hijo, Jacob, no cometiera el mismo error. Le dijeron de manera clara y rotunda que evitara a las mujeres cananeas (Génesis 28:1) y lo enviaron a hacer un largo viaje para encontrar a la esposa más adecuada.

Pero Judá hizo caso omiso de sus consejos. Se casó con la «hija de un cananeo llamado Súa» (Génesis 38:2). Al parecer, los hijos que tuvieron recibieron mensajes confusos durante su crianza respecto del Dios verdadero y los ídolos de Canaán. Los malos resultados se vieron enseguida en su primer hijo, que resultó ser tan malvado que el Señor le quitó la vida en su temprana adultez (v. 7).

Eso dejó viuda a una joven llamada Tamar. Judá pidió a su segundo hijo que se casara con ella, según se acostumbraba en aquellos días. Pero él, de modo egoísta, se negó. Por causa de esto, Dios lo destruyó a él también.

Judá ahora se demoraba en entregar a su tercer hijo, Selá, a Tamar. Pasaron los años y Tamar seguía esperando. Se le estaba pasando la mejor edad y se sentía sola. Finalmente, supo de un viaje que haría su suegro, Judá. Era época de esquilar las ovejas, lo cual significaba época de pago para los que estaban en el negocio de las ovejas. El dinero abundaba y las personas festejaban. A Tamar le pareció que esta era la oportunidad ideal para llevar a cabo un plan terrible. Se cubrió el rostro con algún tipo de chal y se ubicó junto al camino haciéndose pasar por prostituta.

La Biblia cuenta que Judá: «No sabiendo que era su nuera, se acercó a la orilla del camino y le dijo: «Deja que me acueste contigo» (v. 16). Judá le pagó por sus servicios, pero resultó en que ella quedara embarazada de mellizos. Judá se fue a casa sin saber lo que había hecho.

Cuando le llegó la noticia de que Tamar iba a tener un bebé, Judá se hizo el santurrón. ¡Cómo osaba su nuera traer desgracia sobre la familia!

«¡Sáquenla y quémenla! —exclamó Judá» (v. 24).

Mientras la arrastraban hacia la plaza pública, ella, con toda calma, identificó a la persona que la había dejado embarazada al mostrar las prendas que Judá le dejó como garantía de pago por sus servicios. Judá quedó humillado delante de todos y debió admitir: «Su conducta es más justa que la mía» (v. 26).

¿Descalificado?

UNO QUISIERA TAPARSE LOS OJOS para no ver este tipo de bajeza, ¿verdad? Parece algo que se leería en las revistas sensacionalistas. Si usted o yo tuviéramos algún antepasado en nuestra familia que hizo algo así, no hablaríamos de ello. Es probable que excluyamos su fotografía del álbum familiar. No mencionaríamos su nombre a nuestros hijos, y tendríamos la esperanza de que ellos nunca nos harían

preguntas al respecto. Es mejor ni mencionar a las personas que tanto arruinan su vida (y la de otros).

¿Por qué incluiría Dios esta historia tan sórdida en la
Biblia? No es apta para ser impresa. O si era necesario incluir la historia, ¿por qué no nos dijo después: «La dura lección de esto es que el linaje de mi Hijo santo será Abraham—Isaac—Jacob—*Benjamín*», o alguno de los otros hijos? Al fin y al cabo, ¿acaso Judá no había quedado completamente descalificado?

Si se nos dejara libres para obrar a nuestra manera,
cualquiera de nosotros podría provocar su propia destrucción en menos de una hora, así como lo hizo Judá. «No hay
un solo justo, ni siquiera uno» (Romanos 3:10). «Todos an-
dábamos perdidos, como ovejas; cada uno seguía su propio
camino» (Isaías 53:6). «Yo sé que en mí, es decir, en mi naturaleza pecaminosa, nada bueno habita» (Romanos 7:18).
Por lo tanto, no tenemos por qué sentirnos moralmente su-
periores al leer la historia de Judá.

Todos podemos pensar que tenemos
superioridad moral y ser pomposos.
Si se proyectara cada momento
de nuestro pasado en una gran pantalla
en la iglesia, ¿quién de nosotros
quedaría bien?

Dios nos ha dado claro testimonio de nuestra posición
moral con respecto a él. Pero lamentablemente, somos muy
buenos para condenar a otros por las mismas cosas que hacemos nosotros. Vemos orgullo en todos menos en nosotros.
«Fulano de tal en la iglesia es egoísta… Fulano de tal es ra-
cista… Fulano de tal es un hipócrita.» Pero por algún motivo, el espejo no funciona para nosotros.

Todos podemos pensar que tenemos superioridad moral y ser pomposos, al igual que Judá cuando se le informa
del embarazo de su nuera. No solo somos débiles; como si
esto fuera poco, ¡somos sentenciosos! ¿No sería mejor dejar
de expresar nuestras opiniones acerca de los demás y sim-

plemente dedicarnos más a escudriñar con humildad nuestro propio corazón? Si se proyectara cada momento de nuestro pasado en una gran pantalla en la iglesia, ¿quién de nosotros quedaría bien?

En la actualidad, lo que más me preocupa es que hemos perdido de vista la razón por la cual Dios incluyó en la Biblia la historia desagradable de Judá. Nos estamos alejando del mensaje del Nuevo Testamento de la maravillosa gracia de Dios que cambia y redime al pecador, y tendemos más bien a moralizar y expresar desdén con aire de superioridad moral ante las vidas horribles que llevan otros a nuestro alrededor. En lugar de exaltar a Jesús, que vino como médico espiritual para los enfermos y los marginados, estamos abocados a ensayar todos los mandamientos de Dios, como si eso de por sí pudiera cambiar una sola alma. Lo único que damos a las personas es la ley, aunque el amor y la gracia de Dios son lo que ellos anhelan.

Hemos olvidado que Dios se especializa en casos como el de Judá. Debiéramos volver a predicar con denuedo lo que Pablo escribió a los corintios, sin detenernos al completar los primeros dos tercios del párrafo, sino seguir hasta el glorioso final:

¿No saben que los malvados no heredarán el reino de Dios? ¡No se dejen engañar! Ni los fornicarios, ni los idólatras, ni los adúlteros, ni los sodomitas, ni los pervertidos sexuales, ni los ladrones, ni los avaros, ni los borrachos, ni los calumniadores, ni los estafadores heredarán el reino de Dios. *Y eso eran algunos de ustedes. Pero ya han sido lavados, ya han sido santificados, ya han sido justificados en el nombre del Señor Jesucristo y por el Espíritu de nuestro Dios.*

1 Corintios 6:9–11 (énfasis del autor)

La iglesia primitiva también tuvo unos cuantos «Judá», pero «donde abundó el pecado, sobreabundó la gracia» (Romanos 5:20).

Gracia que escapa a la razón

A DECIR VERDAD, LA ESPECIALIDAD del diablo es revolotear alrededor de las personas y decirles entre dientes: «¡Tú sí que metiste la pata! Has hecho un desastre. Si la gente supiera... No eres lo que aparentas ser. ¿Piensas que podrás salirte con la tuya?" Y casi los deja sin deseos de vivir. No se sienten dignos de ir a la iglesia. Evitan leer la Biblia. No ven ninguna esperanza de cambio.

> *Dios toma pecadores como usted y yo*
> *y nos endereza. Toma suciedad y*
> *contaminación y las transforma en santidad.*
> *Toma lo torcido y lo endereza.*

Satanás quiere esconder el hecho de que la misericordia de Dios es para *todos* los que han hecho un desastre de su vida. Los caminos de Dios son más altos que los nuestros, más altos que los cielos sobre la tierra (véase Isaías 55:9). Él se deleita en hacer misericordia. En efecto, según lo expresa Santiago: «¡La compasión triunfa en el juicio!» (2:13). Dios se especializa en perdonar y alejar de su vista los pecados de las personas. Se deleita en tomar fracasos como los de Judá y entretejerlos en el linaje de su propio Hijo, Jesucristo.

Lo que resulta aun más notable es esto: La genealogía de Jesús en Mateo 1:3 sigue a través de Judá y luego pasa no por su hijo legítimo Selá, sino por Fares, el hijo de Tamar, ¡producto de incesto! Esto es increíble. Es como si Dios dijera: «Desde siempre he querido que mi pueblo supiera que no solo perdono los desastres, sino que puedo tomarlos, tocarlos, sanarlos... e incluirlos en el linaje que conduce a Cristo.» Lo que Satanás hace con un propósito malvado, Dios puede cambiar y hacer que resulte para bien (Génesis 50:20).

Hasta el día de hoy, Dios se deleita en escuchar que el nombre de Judá resuene por los pasillos celestiales. Él toma a pecadores como usted y yo y nos endereza. Toma la

suciedad y contaminación y las transforma en santidad.
Toma lo torcido y lo endereza. Toma los enredos de nuestra
vida y los teje formando algo nuevo, para que podamos surgir cantando aleluya. Nuestro amor por él no se debe a
nuestra gran bondad, sino a que *él* es sumamente bueno, y
su misericordia perdura para siempre.

Lo que caracteriza al León de la tribu de Judá es la liberación, no la condenación. Él toma nuestros errores y nuestros pecados y nos redime para su gloria. Más grande que
su gloria como creador y sustentador del universo es la gloria de su gracia extendida a perdedores como usted y yo. No
hay expediente tan manchado, ni caso tan incorregible
como para impedir que él la alcance y le dé salvación.

En la actualidad, uno de los más destacados cantantes
de gospel en los Estados Unidos es un trofeo de ese tipo de
misericordia divina. Cuando el público escucha cómo se re-
monta la voz de tenor de Calvin Hunt, es casi imposible
imaginar que alguna vez él virtualmente había destruido
su cuerpo con cocaína crack, haciendo estragos en la vida
de su esposa y de sus dos hijastros también. Esta es la historia no solo de un joven que estaba destruyéndose a sí mismo, sino también de la familia inocente que sufría a causa
de ello: la madre soltera que el mismo Calvin había resca-
tado, junto con los dos hijos de ella, de un matrimonio en el
cual era maltratada.

Calvin conoció a la delgada y atractiva Miriam y a sus
dos hijos en edad preescolar cuando él solo tenía veinte
años. Ella vivía en el apartamento que estaba dos pisos
más abajo del de la madre de él, y rápidamente surgió un
afecto entre ambos. Los pequeños, Monique y Freddy,
querían al guapo obrero de construcción que los hacía
reír. Calvin también era una especie de músico de fin de
semana que tocaba la guitarra y cantaba en clubes
nocturnos.

El divorcio de Miriam todavía no se había finalizado, y
más de una vez Calvin debió consolarla después de que su
anterior esposo le propinara una golpiza. En cierta ocasión, en que el hombre la dejó sin conocimiento, Calvin la

llevó a la sala de emergencias. Su relación floreció a lo largo del siguiente año, y después incluso sobrevivió a un período de un año durante el cual Calvin debía estar en el ejército lejos de la ciudad de Nueva York.

«Cuando volví a casa», admitió él, «lo más fácil para mí fue pasar a vivir con ella. Volví a trabajar en la construcción vial, y teníamos dinero suficiente para salir de parranda durante todos los fines de semana.» A la larga, además de beber con bastante intensidad, empezaron a inhalar cocaína, mientras la joven pareja y sus amigos buscaban nuevas emociones. Luego, agregaron marihuana a esta mezcla, a veces hasta la espolvoreaban con cocaína antes de armar los cigarrillos, a fin de consumir ambas drogas al mismo tiempo.

El arreglo de convivencia siguió de manera amistosa sin gran modificación, hasta cinco años después cuando Miriam le dijo a Calvin que le parecía que debían casarse. Y así fue que en 1984 se casaron.

Algo nuevo

UNA NOCHE, EL PADRINO DE SU BODA los invitó a una fiesta en su casa donde se presentó algo nuevo: cocaína que se calentaba y se fumaba a través de una botella de vidrio. Calvin quedó intrigado; le pidió a su amigo una pitada. La nueva droga no parecía causarle mucho efecto, pensó Calvin. Miriam también la probó, con resultados mínimos.

. . . O así pensaron. Acabado de salir del apartamento del amigo, a las siete y media de la mañana siguiente, luego de haber estado despiertos toda la noche y de haber gastado la totalidad del cheque de sueldo de Calvin de la semana, empezaron a darse cuenta de que habían descubierto algo poderosamente atractivo... y mortal. Acababan de unirse al mundo de la cocaína crack.

«Recuerdo que volvimos a casa, y me sentí horriblemente mal durante todo el fin de semana», dijo Calvin. «Cuando volví al trabajo el lunes, me estaba sermoneando sobre la necesidad de ser más responsable. Tenía que mantener a una familia y debía volver a controlarme.

»¿Podrá creer que al llegar el siguiente viernes por la noche, después de haber cobrado mi cheque, llamé a Miriam y le dije que acostara temprano a los niños, porque yo llevaría a casa "los elementos"? Me aparecí con toda la parafernalia nueva, listo para entrar en acción. Preparé la cocaína crack sobre la estufa de la cocina tal como había visto hacer a mi amigo la semana anterior, y nuevamente ambos nos quedamos levantados toda la noche. Cuando salió el sol el sábado por la mañana, habíamos vuelto a gastar la totalidad de un cheque de sueldo.»

---

*Si Calvin tenía algún dinero de sobra
en el bolsillo, lo usaba para comprar crack.
Si no tenía efectivo, lo conseguía robando la
batería de algún automóvil estacionado.*

Este patrón siguió repitiéndose durante ocho meses. Mientras tanto, no se pagaban las cuentas de la casa, los niños carecían de ropa abrigada en el invierno, y el alquiler se atrasó. Los hermanos de Miriam, que eran cristianos, trataron de convencerla de que dejara de destruirse, pero ni ella ni Calvin los escuchaban.

La obsesión de Calvin por las drogas se fortaleció aun más, y no solo los fines de semana. Si tenía algún dinero de sobra en el bolsillo, lo usaba para comprar crack. Si no tenía efectivo, lo conseguía robando la batería de algún automóvil estacionado, o levantaba el automóvil con el gato, y le robaba las llantas para venderlas. Algunas noches ni siquiera volvía a casa.

Obviamente, sufrió su desempeño laboral. Un día su jefe llamó a Calvin a un lado para hablar con él. El hombre tenía lágrimas en los ojos al decirle en voz baja: «Has sido uno de mis empleados más apreciados. No sé lo que está sucediendo, y no quiero saberlo, pero sea lo que fuere, más te vale arreglarlo, porque estás a punto de perder tu empleo.»

La verdad era que Calvin tenía en su vida un nuevo jefe superior a todos: crack. «Empecé a bajar de peso», dice Calvin. «Desaparecía por espacio de tres, cuatro o hasta cinco días a la vez, pasando mi vida en los antros para fumar crack. Sí, es cierto que tenía un hogar, una esposa y dos niños, pero cuando usaba crack, ese era el sitio donde menos deseaba estar.

»Las personas con las que me drogaba en realidad constituían un grupo bastante atemorizante: eran violentas y desalmadas. Pero mientras me mantenía en una euforia inducida por las drogas, ni siquiera lo notaba.»

Traicionada

MIRIAM ESTABA CADA VEZ MÁS PREOCUPADA. ¿Qué le estaba sucediendo al hombre que ella amaba, el que en otro tiempo había sido su príncipe azul? ¿Acaso no había sufrido ya bastante caos con su primer esposo, y ahora esto? Una noche observó a sus dos hijos que dormían inocentemente en la cama mientras Calvin y sus amigos se drogaban en la cocina. Los principios morales que había aprendido muchos años antes parecían surgir para advertirle en qué acabaría todo esto. Rápidamente echó a todos de allí esa noche... incluso a Calvin.

Empezó a ver que por segunda vez en la vida un hombre la estaba traicionando de manera horrible. El primero le había propinado un maltrato físico; este segundo estaba lastimándola a ella y a sus hijos de modo aun más doloroso por causa de su adicción. Al igual que el Judá de antaño, estaba causando estragos tremendos a su familia por medio de su desenfrenada búsqueda de emociones.

«Le rogué que dejara de hacerlo», dice Miriam. «Le dije: "Calvin, esto nos matará. Destruirá nuestro matrimonio." Las discusiones se agravaron tanto que a veces se hizo necesario que lo sacara a la fuerza de la casa. Mi hijo empezó a estudiar maneras de agregar más cerraduras al apartamento para que él no pudiera volver a entrar.»

Al mismo tiempo que Calvin estaba abandonando a la familia, Miriam estaba poniendo su fe en Cristo. Su vida espiritual empezó a profundizarse y su vida de oración aumentó. Encontró una iglesia y abiertamente solicitó a otros que oraran para que su esposo volviera del borde del abismo. Se negó a contemplar las otras alternativas: separación, divorcio o la posibilidad de que él tuviera una muerte prematura. Solo se limitó a creer que de alguna manera Dios rescataría a su familia.

Hasta le empezó a decir a Calvin: «Dios te hará libre, lo sé.» Eso, por supuesto, lo enfurecía. También lo irritaba la música del coro de Brooklyn Tabernacle que ella había empezado a escuchar. A ella le encantaba y respondía adorando, a veces hasta lloraba de gozo mientras adoraba al Señor. Calvin le respondía con brusquedad: «Si eso que escuchas te hace llorar, ¿por qué no lo apagas?» A veces lanzaba el casete por la ventana, pero su esposa lo reponía con rapidez.

Un día, la joven Monique encontró un volante donde se anunciaba que se pasaría la película *A Cry for Freedom* [Un grito de libertad] en el auditorio de una escuela secundaria, auspiciada por Christ Tabernacle, una de nuestras iglesias hijas situada en Queens. La hija de doce años insistió que su papá los acompañara para verla. Él la ignoró.

De repente, algo surgió dentro de la niña. Aplicó más presión diciendo:

—Papi, ¿recuerdas todas las cosas fabulosas que solíamos hacer juntos? Ya no hacemos nada. ¿Sabes por qué? ¡Se debe todo a esa droga, sea lo que fuere! ¡Tu problema es que estás atrapado, y no lo quieres reconocer!

Calvin montó en cólera.

—¡Cállate! Si sigues hablando así, ¡te daré una golpiza!

—Adelante, papi —respondió con valor la muchachita—. Puedes golpearme y pisotearme si lo deseas, pero cuando hayas acabado, esa porquería aún te tendrá atrapado.

Y diciendo eso, salió corriendo de la cocina.

Calvin levantó el volante de la mesa y miró el bosquejo de un hombre dentro de la botella que se usa para fumar crack, con las manos presionadas contra el vidrio y una mirada de desesperación en el rostro. El corazón de Calvin se quebrantó lo suficiente como para acceder a regañadientes asistir a la proyección de la película.

A último momento intentó echarse atrás, pero no tuvo éxito. El guión de la historia resultó ser una réplica increíblemente parecida a los Hunt mismos: un esposo adicto al crack, y su esposa anteriormente adicta que ahora oraba por su liberación. Al final, cuando el pastor extendió una invitación, Calvin fue el primero en arrodillarse ante el altar. «En realidad no le pedí a Jesús que entrara a mi corazón», dice él, «pero estaba tan cargado de culpa que tenía necesidad de al menos admitir el dolor que estaba causándoles a todos. Empecé a llorar. Miriam y los niños se acercaron, y todos lloramos juntos.»

El domingo siguiente, la familia regresó a la iglesia, y mientras que los niños y Miriam se regocijaban, Calvin aún se oponía a tomar en serio al Señor. *Dios no puede hacer nada por mí*, se decía. *¿Qué hago yo aquí?* Al llegar el siguiente fin de semana, se dio de nuevo a la fuga.

Ejercemos presión

AHORA LA IGLESIA EMPEZÓ A ORAR en serio por la salvación de Calvin Hunt. Calvin aprendió a programar sus visitas al apartamento de modo que coincidieran con las horas en las que sabía que todos estarían en la iglesia. Se metía a escondidas para abastecerse de ropa limpia y luego se iba rápidamente.

«Sabía que Calvin estaba aprisionado», dice Miriam. «Al ser yo misma una ex toxicómana, ya había usado heroína antes de conocerlo, sabía el poder increíble de una sustancia de este tipo. Es por eso que oraba con tanta diligencia, clamando a Dios para pedirle que lo librara, y pedí que todos mis amigos oraran conmigo. Cada oración a la hora de comer con mis hijos, cada oración antes de ir a la cama incluía: "¡Ay Dios, por favor, libra a papá!"»

Pasaron tres años más. Calvin empeoró en vez de mejorar. En determinado momento hasta llegó a dormir en una perrera de gran tamaño en el fondo de una casa en vez de volver a su casa y a su cama. Estaba seriamente deshidratado; sus mejillas estaban hundidas, dándole el aspecto demacrado que es tan común entre los adictos. Al no tener dinero, Miriam y los niños debieron solicitar bonos de alimentos y la ayuda médica.

Al fin una noche, la misma noche en que se llevaba a cabo la reunión semanal de oración en Brooklyn Tabernacle, de nuevo Calvin se dirigió al apartamento de la familia, llegando más o menos a las siete y media después de que su esposa e hijos se habían ido. En silencio encontró algo de comida en la refrigeradora, luego se dio una ducha y se puso ropa limpia. Todavía tenía tiempo para dormir una siesta breve, de modo que decidió acostarse.

Pensó acostarse otra vez, pero algo dentro suyo parecía decir: Si te duermes esta noche, nunca más despertarás. Le invadió el pánico.

Pero por algún motivo no se podía dormir. Pronto escuchó un ruido. ¡De un ropero provenía el suave sonido de alguien que lloraba! Se sentó. Después de todo, quizá Miriam y los niños estaban en casa.

Miró en las habitaciones de los niños, debajo de las camas, dentro de los diversos roperos. ¡Nadie! Pero el llanto continuaba. Se paró en la sala y dijo en voz alta: «¡Sé que están aquí, salgan de su escondite!» Nadie apareció.

Ahora Calvin estaba espantado. Pensó acostarse otra vez, pero algo dentro de él parecía decir: *Si te duermes esta noche, nunca más despertarás.* Le invadió el pánico. Salió corriendo por la puerta y corrió tres cuadras hasta la estación de tren para ver si en realidad su esposa e hijos estaban en la reunión de oración o no.

Entró corriendo a la iglesia y se paró al fondo del pasillo central, recorriendo a la multitud con la vista. De repente, el mismo sonido de llanto le golpeó los oídos, solo que se escuchaba con una intensidad mucho mayor que en el apartamento. Toda la congregación estaba orando con fervor, ¡exclamando el nombre de *él* ante Dios por fe! Calvin quedó anonadado al adelantarse lentamente por el pasillo, mientras observaba las manos levantadas y los ojos apretados en oración, con lágrimas surcándoles los rostros. «¡Oh Dios, dondequiera que esté Calvin Hunt, tráelo aquí a este edificio!», rogaban ellos. «No permitas que esta familia pase por el horror de otro día más así. ¡Señor, tú puedes hacerlo! ¡Líbralo de esta atadura de una vez y para siempre!»

Pronto se encontró en el frente, directamente frente al púlpito. El pastor que dirigía abrió los ojos, echó una mirada, y luego dirigió la mirada al cielo mientras decía por el micrófono: «¡Gracias, Señor! ¡Gracias, Jesús! ¡Aquí está él!»

Y al decir él eso, la congregación se enloqueció del todo. Habían estado clamando al Señor para que trajera a Calvin, y eso mismo es lo que estaba sucediendo delante de sus propios ojos.

Cayendo de rodillas, Calvin rompió en llanto incontrolable. Miriam y los niños vinieron desde su banco para rodearlo mientras él oraba: «Dios mío, me he convertido en todo lo que dije que nunca sería. No quiero morir así. Por favor entra a mi vida y líbrame. ¡Mi Jesús, cuánto te necesito!»

Esa noche de verano de 1988 fue el momento de decisión para Calvin Hunt. Miriam dice: «Casi parecía que caminaba lentamente por el pasillo central como si fuera un casamiento... para casarse con Cristo. Jesús lo esperaba con paciencia ante el altar. Con razón todos estallamos en llanto.»

En un camino nuevo

POR CIERTO, LA ANTIGUA VIDA y los antiguos patrones ofrecieron alguna resistencia a Calvin, así que Miriam pidió que un par de pastores le hablaran con claridad para que entrara a un programa residencial cristiano en Pennsylvania llamado Youth Challenge [Desafío juvenil]. Aceptó ir allí.

Seis meses después regresó a la ciudad de Nueva York, fuerte en la fe y dispuesto a vivir para Dios. Incluso logró que lo aceptaran nuevamente en su antiguo trabajo de construcción vial. Mi esposa y yo lo vimos varias noches junto con su cuadrilla de trabajo mientras trabajaba en la autopista Brooklyn-Queens al volver nosotros a casa en el auto después de la reunión. Él estaba sumamente contento en el Señor. Pronto empezó a usar su talento como cantante en la obra del Señor.

Una vez en un restaurante, Calvin se levantó para ir al baño. ¡Allí, en uno de los cubículos, alguien estaba fumando crack! Empezaron a sobrevenirle todos los antiguos deseos, pero rápidamente oró. *¡Dios mío, necesito que me ayudes ahora mismo!* Se puso firme. Cuando apareció el hombre, Calvin lo miró a los ojos y dijo:

—Déjame decirte algo que es producto de mi propia experiencia: Esa porquería te destruirá la vida.

—Oye, chico, ¿a qué te refieres?

—Te hablo en serio. Te destruirá, pero Jesús puede ayudarte a vencerla.

Lo que hizo Calvin a continuación fue dirigirse de inmediato a un teléfono para llamar a Miriam e informarle de su victoria. Juntos se regocijaron por la nueva fortaleza que le había dado Dios.

En la actualidad, Calvin Hunt ya no empuña un martillo neumático en las carreteras de la ciudad de Nueva York. Ha grabado dos discos de música gospel y se dedica de lleno a viajar contando a públicos a través de todo el país acerca de la senda que conduce al poder de Dios en las vidas. También es un solista principal en nuestro coro, el grupo que él antes detestaba, y es un integrante de los Brooklyn Tabernacle Singers. Dondequiera que vaya, los corazones de las personas se elevan en alabanza por la victoria de Dios en su vida.

En lugar de destruir a su familia, que incluye dos hijos más que por su gracia les ha dado el Señor, ahora es su devoto líder. Los médicos les habían dado a entender que ambos habían abusado tanto de su cuerpo que era poco probable que pudieran concebir. Luego vino una hija llamada Mia y, un par de años más tarde, un hijo llamado Calvin Jr. Del pecado y la desesperanza que parecían estar a punto de consumir a Calvin y Miriam, Dios ha levantado otro monumento al poder salvador de Jesucristo, el León de la tribu de Judá.

Extendamos el mensaje por todas partes: ¡Jesucristo es poderoso para salvar! No importa cuán arruinada esté su vida, la sangre de Jesús puede borrar la mancha más oscura, y su Espíritu puede infundir nueva vida en hombres y mujeres caídos. Él es el Dios de Judá, el hombre que fue un fracaso moral, un hipócrita, y una desgracia para Dios y para su propia familia. Pero por medio de él vemos de manera más clara la profundidad del amor del Señor y la increíble riqueza de su misericordia.

Dios nos libre de emitir juicios con aire de superioridad moral y nos convierta más bien en portadores misericordiosos de la salvación y la libertad de Cristo dondequiera que vayamos.

Dios nos libre de emitir juicios con aire de superioridad moral y nos convierta más bien en portadores misericordiosos de la salvación y la libertad de Cristo dondequiera que vayamos. Jesús «vino al mundo a salvar a los pecadores», escribió el apóstol Pablo, y él se consideraba «el peor» de todos (1 Timoteo 1:15). Pero regocíjese en el hecho de que él fuera tan franco como para referirse a su propia condición, porque también se aplica a nosotros:

Pero precisamente por eso Dios fue misericordioso conmigo, a fin de que en mí, el peor de los pecadores, pudiera Cristo Jesús mostrar su infinita bondad. Así

vengo a ser ejemplo para los que, creyendo en él, recibirán la vida eterna. Por tanto, al Rey eterno, inmor-
tal, invisible, al único Dios, sea honor y gloria por los
siglos de los siglos. Amén.

                                                    1 Timoteo 1:16-17

Tercera parte

SIGAMOS EL CANAL DIVINO

DIEZ
Padre de los fieles

¿ALGUNA VEZ HA LEÍDO en las Escrituras acerca del «padre David»?

¿O del «padre Moisés»?

¿Y qué del «padre Daniel»?

Todos estos fueron poderosos hombres de Dios, sin lugar a duda. Se ubican entre los más grandes guerreros, reyes, profetas y líderes de la historia sacra. Pero ninguno de ellos alcanzó el honor especial otorgado al «padre de todos los que creen»... «padre de aquellos que ... siguen las huellas de nuestro padre Abraham, quien creyó»... «el padre que tenemos en común delante de Dios»... «padre de muchas naciones» (Romanos 4:11-12,16-18). Su nombre es Abraham.

Sabemos que una vez Jesús restringió el uso del título «padre» para cualquier humano mortal (véase Mateo 23:9). Sin embargo, cuando el apóstol Pablo llegó a escribir el cuarto capítulo de Romanos, sonaba como si no lo pudiera evitar. *Abraham... bueno... él es el símbolo mismo del vivir por fe... tengo que darle un sitio preeminente por sobre todos los demás... él es el padre espiritual de todos los que creen en las promesas de Dios.*

Este Abraham era obviamente el gran ejemplo en lo que se refiere a la fe. ¿Cómo pudo llegar a desarrollar tan imponente confianza en Dios?

Vivía de acuerdo a las promesas, no los mandamientos

ESE DÍA ÉPICO EN QUE DIOS habló por primera vez a Abram (como se le conocía en aquel entonces), le dijo el Señor:

Deja tu tierra, tus parientes
  y la casa de tu padre,
  y vete a la tierra que te mostraré.
Haré de ti una nación grande,
  y te bendeciré;
haré famoso tu nombre,
  y serás una bendición.
Bendeciré a los que te bendigan
  y maldeciré a los que te maldigan;
¡por medio de ti serán bendecidas
  todas las familias de la tierra!

Génesis 12:1–3

Dios le indicó a Abram que hiciera solo una cosa: «Deja tu tierra» y a cambio, Dios haría ocho cosas maravillosas para él. Esa proporción numérica por sí sola comunica la gracia y la bondad de Dios.

Pero sí exigió que Abram dejara su tierra, a su gente y a sus parientes; en otras palabras, su zona de comodidad. Debió dejar la tierra que mejor conocía, la cultura en la que había crecido, las vistas y los sonidos conocidos. Las personas que andan por fe a menudo escuchan la voz de Dios que les dice: «Es necesario que te vayas ahora. Es hora de pasar a algo nuevo.»

A veces esa palabra tiene que ver con geografía, como en el caso de Abram. En la actualidad estamos experimentando esto en Brooklyn Tabernacle al prepararnos para abandonar nuestro presente edificio, donde hemos estado desde 1979, y dirigirnos al teatro más grande en el centro de la ciudad donde creemos que Dios nos está enviando. Hemos comprado esta imponente estructura, construida en 1899, a pesar de que al momento de escribir este libro no sabemos cómo recaudaremos los millones que se necesitan para la renovación. Es necesario andar por fe.

Otras veces, Dios dirige a su pueblo a dejar ciertas situaciones laborales, poner fin a relaciones placenteras, o hacer cambios que involucran dificultades. Cuando se anda por fe, Dios nunca permite que nos acomodemos indefinidamente. En el momento en que uno llega a un cierto lugar en el plano espiritual y decide armar la carpa y descansar durante el resto de la vida, Dios dice: «Vete.» Esa fue la historia de Abram. A decir verdad, en toda su vida nunca se le permitió establecerse en forma permanente.

Cuando se anda por fe, Dios nunca permite que nos acomodemos indefinidamente.

Pero no es necesario tener miedo. Con el mismo aliento Dios puede empezar a inundarnos de promesas, como lo hizo con Abram. Observe las cosas maravillosas que prometió hacer el Señor:

«La tierra que te mostraré.» En otras palabras, Dios señalará el destino.

«Haré de ti una nación grande.»

«Te bendeciré.»

«Haré famoso tu nombre.»

«Serás una bendición.»

«Bendeciré a los que te bendigan.»

«Maldeciré a los que te maldigan.»

«Por medio de ti serán bendecidas todas las familias de la tierra.»

Y así la caravana de la familia de Abram se fue de la ciudad, adoptando la modalidad de *vivir de las promesas de Dios*. No podemos vivir de los mandamientos de Dios sino más bien de sus promesas. Los mandamientos de Dios nos revelan su carácter santo, pero no vienen acompañados de ningún poder. En cambio, la gracia de Dios fluye a través del canal de sus promesas. Dios debe primero hacer por nosotros lo que prometió, y recién entonces podremos andar en obediencia a sus mandamientos. Recuerde, él es nuestra fuente; todo debe provenir de Dios.

Es verdad que los mandamientos morales de Dios nos enseñan en qué fallamos. Eso es necesario, pero no aporta una solución a nuestro dilema humano. Solo las *promesas* nos traen esperanza, si respondemos con fe, como lo hizo Abram. Eso fue lo que lo sostuvo durante toda la vida. Cuando Abram llegó a Canaán, Dios ya estaba agregando más promesas a las que le había dado originalmente. Le dijo: «Yo le daré esta tierra a tu descendencia» (v. 7). Su abundancia no dejaba de fluir.

Los mandamientos morales de Dios nos enseñan en qué fallamos. Eso es necesario... pero solo las promesas nos traen esperanza, si respondemos con fe.

La gran mayoría de nosotros nos regimos por mandamientos. Cada día nos levantamos conscientes de la ley moral de Dios e intentamos hacer lo correcto para que él nos apruebe al llegar el final del día. Es una gran lucha. Sería mucho mejor que nos levantáramos pensando en las maravillosas promesas de Dios, lo que él ha dicho que hará por nosotros ese día. Entonces su poder obrando en nosotros nos dirigirá tiernamente en el camino de la obediencia y el vivir correcto.

El tierno amor de Dios para con nosotros, según se revela en sus promesas llenas de gracia, es lo único que nos lleva a un andar más cercano al Señor. Los mandamientos rectos por sí solos, y el juicio que siempre está ligado a ellos, con facilidad nos pueden espantar. Martín Lutero originalmente se sintió repelido del Dios santo que a su parecer solo presentaba exigencias y condenaba a las personas a juicio. Luego vio la verdad que dice que «El justo vivirá por la fe» (Romanos 1:17). Esto comunicaba gracia y misericordia a todo aquel que sencillamente creía en Dios.

De esto surgió toda la Reforma protestante, que revolucionó al mundo.

Abram se sintió tan cerca de Dios que «erigió un altar al SEÑOR e invocó su nombre» (Génesis 12:8) allí entre Betel y Hai. Su corazón se inclinó a Dios en adoración. Este Dios había sido sumamente bueno con él, muy generoso, y le había dado gran apoyo. Abram no había ganado ninguna promesa ni bendición por su conducta previa; todo era por gracia. No pudo evitar levantar su corazón y sus manos a Dios en adoración.

No tenía ningún plan maestro

El LIBRO DE HEBREOS nos cuenta: «Por la fe Abraham ... obedeció y salió sin saber a dónde iba» (11:8). No tenía mapa, ni folleto de AAA (Asociación Automovilística Americana), ni ninguna reservación de motel por el camino. Sencillamente su caravana salió con rumbo oeste hacia el Mediterráneo, y nada más. Dios había dicho que le mostraría dónde detenerse en algún momento futuro cuando Abram llegara a donde él iba a dirigirle.

A usted y a mí nos costaría hacer esto, ¿verdad? No solo en nuestros viajes de vacaciones, sino al guiar nuestra carrera y nuestra iglesia, sencillamente necesitamos un plan completo. Siempre escucho a pastores que dicen: «Veamos, en lo que respecta a tal o cual extensión, ¿producirá dividendos? ¿Será rentable? ¿Cómo puedo asegurarme que dé resultado? ¿Será del agrado de todos?» Son pocas las cosas que hacemos por fe.

Abram no tenía la más mínima idea. Si usted se hubiera encontrado con su caravana en algún oasis, tal vez habría tenido un diálogo más o menos como este:

—Señor Abram, ¿hacia dónde se dirige?

—No lo sé.

—Pues, ¿cómo podrá saber que ha llegado?

—Tampoco lo sé. Dios solo me dijo que me lo mostraría a su tiempo.

—Tiene una comitiva bastante grande. Cuando haya llegado a su destino, ¿quién le abastecerá de todos los alimentos que necesite? Al fin y al cabo, si ha de sobrevivir en un sitio nuevo, ¿cómo comerá?

—No lo sé. Él solo dijo que cuidaría de mí.

—Usted no parece tener una fuerza de seguridad. ¿Quién lo protegerá de los jebuseos, los hititas, los amorreos y el resto de las tribus guerreras?

Abram solo movería la cabeza y se alejaría.

La fe se siente feliz de dar un paso sin saber hacia dónde va mientras sepa quién es el que acompaña. Con tal de que la mano fuerte de Dios sostuviera a la de Abram, todo saldría perfectamente bien. La caravana siguió avanzando por fe.

> *La fe se siente feliz de dar un paso*
> *sin saber hacia dónde va mientras sepa*
> *quién es el que acompaña.*

Nos gusta controlar el mapa de nuestra vida y saber todo con mucha anticipación. Pero la fe se siente satisfecha de saber que la promesa de Dios no puede fallar. En efecto, esto constituye la emoción de andar con Dios. Cuando leemos el libro de Los Hechos, nunca sabemos exactamente lo que sucederá la siguiente vez que demos vuelta a la página. El Espíritu es el que guía, y con eso basta. Pablo no tenía una fórmula para saber cómo evangelizaría. Simplemente se guiaba por la fe. Dios revelaba la ruta a medida que avanzaba.

Se me invitó a hablar en una enorme conferencia de pastores en la que toda la reunión estaba programada, minuto a minuto. El hombre que me llamó me explicó con amabilidad:

—Primero habrá una canción de apertura, luego uno de nuestros líderes denominacionales hablará sobre un tema doctrinal durante catorce minutos. Después habrá un poco de música adicional; acto seguido quisiéramos que usted nos hablara durante veinte minutos. A continuación de su disertación, un coro presentará algunas de las canciones de su esposa, y finalmente un tercer orador hablará durante veinte minutos. Después se hará la bendición final.

Esto debía ocurrir un lunes. Pensé en el desgaste físico luego de dirigir cuatro cultos en nuestra propia iglesia el domingo e inmediatamente después hacer un largo vuelo hasta el lugar donde se llevaría a cabo esta conferencia. ¿Sería voluntad de Dios realizar semejante viaje y gastar tanto para un acontecimiento tal?

Cuando vacilé, el hombre dijo:

—Su libro *Fuego Vivo, Viento Fresco* ha sido de gran bendición para muchas de nuestras iglesias. Tenemos un gran deseo de que usted venga.

—Pues creo que lo que me viene a la mente es lo siguiente: ¿Cuántos puntos puede recordar un público en una sola reunión? Me refiero a que usted tiene programado que hablen tres oradores, cada uno haciendo declaraciones importantes... Las personas no pueden sentir en profundidad más de un par de verdades a la vez —le dije—. Creo saber el tipo de orador que está buscando, pero no creo que ese sea yo. Además, no estoy seguro de que esa sea la mejor manera de ministrar a miles de pastores.

—¿A qué se refiere? —me preguntó.

—Pues, ya que mencionó mi libro, tengo una idea. ¿Por qué no considera eliminar parte del programa y hacer en cambio una reunión de oración? Nosotros, los pastores, necesitamos más de Dios. La condición espiritual en general de las iglesias a lo ancho del país no se caracteriza precisamente por su fervor y oración. Los divorcios abundan; los jóvenes se están alejando; la proporción de pastores que renuncian ha alcanzado cifras récord; quizá lo mejor que pudiera hacer en su conferencia es dedicar un bloque de tiempo únicamente a la oración. ¿Por qué no pedir a Dios que abra los cielos y descienda? Él es el que verdaderamente necesitamos.

Este hombre maravilloso y amable dijo:

—Pero no hacemos esas cosas en nuestra conferencia.

—No estoy familiarizado con las tradiciones de su grupo en particular —le dije—, pero sí veo que en mi Biblia se dan algunas promesas maravillosas a los que claman al Señor y esperan su bendición.

Finalicé la llamada declinando la invitación de la manera más amable posible.

Una semana más tarde, volvió a sonar el teléfono. «Acabamos de modificar el culto», dijo el hombre. «¿Por qué no viene y trae también a su esposa y a algunos otros? Puede disponer de bastante tiempo. Puede cerrar la reunión de la manera que desee.»

Sentí que el Señor abría una importante noche de ministerio. Aceptamos hacer el viaje. Qué gusto daba ver al final de la reunión a miles de ministros clamando al Señor, muchos de ellos de rodillas, y varios derramando copiosas lágrimas. «¡Ah, Señor, te necesitamos en nuestras iglesias!», oraban. «Ven y enciende tu fuego entre nosotros.» Estábamos todos en la misma situación. No les hablaba con aire de superioridad como si fuera un experto proveniente de la ciudad de Nueva York. Me era necesario hacer la misma oración que ellos. ¿Qué esperanza hay para Brooklyn Tabernacle si no confiamos que venga Dios por medio de su Espíritu para hacer las cosas que nosotros nunca podríamos hacer?

La promesa al principio del libro de Los Hechos fue: «Cuando venga el Espíritu Santo sobre ustedes, recibirán poder.» Con razón Jesús dijo a los discípulos: «esperen la promesa del Padre» (1:4), de la misma manera que Abram y Saray debieron aguardar con expectativa lo que Dios les había prometido. Esta es la clave y la única esperanza para cualquiera iglesia, cualquiera sea su afiliación.

La gran búsqueda que se hace en muchos círculos eclesiásticos no es de líderes con la fe de Abraham, dispuestos a confiar en Dios dondequiera que guíe, sino más bien de líderes que sean listos y astutos para la organización. Nos olvidamos que la iglesia cristiana se fundó en una reunión de oración. En sus primeros y más triunfantes años la condujeron hombres sencillos llenos de fe y del Espíritu Santo. El tema en el que se concentraban no era «el secreto del crecimiento de la iglesia» sino más bien en el secreto de recibir el poder que Dios ha prometido. Por causa de su fe, el Señor les dio tanto el poder como el crecimiento.

**Nos olvidamos que la iglesia cristiana
se fundó en una reunión de oración.**

Pablo fue suficientemente humilde para admitir a la iglesia en Corinto: «Yo mismo, hermanos, cuando fui a anunciarles el testimonio de Dios, no lo hice con gran elocuencia y sabiduría... No les hablé ni les prediqué con palabras sabias y elocuentes sino con demostración del poder del Espíritu, *para que la fe de ustedes no dependiera de la sabiduría humana sino del poder de Dios*» (1 Corintios 2:1,5-6). En la actualidad, es muy poco frecuente esa forma de abordar el ministerio y encender fe en el pueblo de Dios.

A decir verdad, Dios tiene un plan maravilloso para todo su pueblo. Pero no es necesario que nos diga mucho al respecto si él no desea hacerlo. Lo único que nos pide es que nos tomemos de su mano y caminemos junto a él con fe. Él nos mostrará con suficiente antelación lo que debe hacerse.

Fracasó de manera espectacular, pero se recuperó

EL DESAFÍO, COMO DIJIMOS ANTES, no es solo iniciarse en la fe; es mantenerse caminando por fe. La Biblia relata el siguiente capítulo doloroso en la vida de Abram. A pesar de haber empezado de manera tan maravillosa, en realidad le falló a Dios al dirigirse a Egipto por causa de una hambruna. Sintió el aprieto y reaccionó. Ninguna escritura muestra que haya recibido dirección de Dios para hacer esto. Sencillamente se levantó y se trasladó.

Cuando dejamos de vivir por fe, empezamos de modo unilateral a hacer lo que consideramos astuto o lo que nos dictan las circunstancias. Pronto nos encontramos en una posición debilitada. Nos metemos rápidamente en problemas.

Al acercarse a la frontera egipcia, Abram le echó una mirada a su bella esposa y dijo: «Saray, veo que se avecinan algunos problemas. El faraón y sus hombres te van a desear, y me eliminarán a mí para tenerte a ti. Así que será mejor que mintamos y les digamos que eres mi hermana en lugar de mi esposa.»

La pequeña estratagema solo funcionó a medias. Abram evitó perder la vida; pero la pobre Saray fue llevada a integrar el harén real. ¡Qué cosa tan escandalosa y vergonzosa para hacerle a su propia esposa! Puede estar seguro que las mujeres del harén no pasaban el tiempo sentadas en el palacio haciendo estudios bíblicos. Abram salvó su propio cuello, pero puso en peligro la virtud y el futuro de Saray.

Dios estaba observando cómo se desarrollaba todo este desastre y decidió intervenir con juicio.

¡Ahora bien, si alguno se merecía un castigo, yo hubiera pensado que era Abram! En esta historia él fue el culpable. En cambio, «el SEÑOR castigó al faraón y a su familia con grandes plagas» (Génesis 12:17), lo cual hizo que el faraón rápidamente llamara a Abram.

Estalló de rabia frente a él: «¿Qué problema tienes? ¿Por qué no me dijiste que era tu esposa? ¡Llévatela y sal de mi país, ahora mismo!»

Imagine a este gran hombre de Dios siendo reprendido por un rey pagano, ¡y con toda razón! Esta es una maravillosa lección de que en la vida de fe, es posible que nos alejemos de las promesas y fallemos de manera lamentable. Pero lo importante es volver a levantarnos. Abram, «el padre de todos los que creen», aún no estaba completamente vencido.

Salió disparado con Saray hacia la tierra donde pertenecían, «hasta el lugar donde había acampado al principio, entre Betel y Hai. En ese lugar había erigido antes un altar, y allí invocó Abram el nombre del SEÑOR» (Génesis 13:3-4). Parece que él no podía descansar hasta volver al altar donde una vez había adorado a Dios; así que volvió al lugar donde se había afirmado con tanta fe en las promesas que le fueron hechas.

Cuando le fallamos a Dios, es vital regresar rápidamente al altar de consagración y fe. Dios nos espera allí, como el padre del pródigo que espera el regreso de su hijo. Él espera con anticipación volver a encarrilarnos. La grandeza de Abram no estaba en su perfección moral, sino en que volvió a Dios y nuevamente creyó.

---

*Cuando le fallamos a Dios, es vital regresar
rápidamente al altar de consagración y fe.
Dios nos espera allí.*

No hizo valer sus privilegios

PRONTO SURGIÓ UNA DISPUTA entre Abram y su sobrino Lot, porque su ganado y sus ovejas se estaban amontonando. Dios había bendecido a ambos (¡incluso a Abram, después de haber vendido a su esposa!). Llegó a tal punto la disputa que una operación conjunta de ganado ya no resultaba práctica.

Así que Abram le dijo a Lot:

No debe haber pleitos entre nosotros, ni entre nuestros pastores, porque somos parientes. Allí tienes toda la tierra a tu disposición. Por favor, aléjate de mí. Si te vas a la izquierda, yo me iré a la derecha, y si te vas a la derecha, yo me iré a la izquierda.

Génesis 13:8-9

De inmediato, Lot escogió la llanura fértil, lo mejor que podía percibir el ojo humano, dejando a Abram que intentara apacentar a sus ovejas en las laderas de las montañas.

Sin embargo, Abram no reaccionó. Pudo haber montado en cólera para expresar su protesta. O pudo haber hecho valer sus privilegios; al fin y al cabo, era el hombre mayor aquí y el más joven no tenía derecho de aprovecharse de él.

En cambio, Abram mostró que cuando se tiene fe en
Dios, uno sabe que Dios lo cuidará a pesar de lo que otro es-
coja. La fe permite que otras personas hagan lo que quie-
ran *sin ponerse ansiosa ni preocupada*. Deja el asunto en
las manos de Dios.

Con demasiada frecuencia nos preocupamos por los que
nos olvidan, los que no reconocen nuestros logros, los que
cosechan beneficios a costa de nosotros. Perdemos contacto
con la realidad de que «es Dios el que juzga: a unos humilla
y a otros exalta» (Salmo 75:7). Tanto en el ambiente secular como en el trabajo en la iglesia, nos ponemos ansiosos
por cosas que es mejor dejar en las manos de Dios. La preocupación siempre mordisquea los talones de la fe intentando arrastrarla hacia abajo.

> *La fe permite que otras personas hagan
> lo que quieran sin ponerse ansiosa
> ni preocupada. Deja el asunto
> en las manos de Dios.*

La fe trata con las cosas invisibles de Dios. Se niega a
ser excluida por los sentidos físicos. La fe puede decir:
«Puedes hacer lo que quieras, porque yo sé que Dios cuidará de mí. Él ha prometido bendecirme dondequiera que él
me conduzca.» Recuerde que aunque todos los demonios
del infierno se pongan contra nosotros, el Dios de
Abraham permanece fiel a todas sus promesas. Jesucristo
puede hacer cualquier cosa excepto fallar a los suyos que
confían en él.

¿Por qué no empieza hoy a seguir nuevamente las pisa-
das del «padre Abraham»? Empiece a examinar las Escrituras con atención y oración, pidiendo al Espíritu Santo
que haga que las promesas de Dios cobren vida al punto de
poder vivir de ellas, de la misma manera que lo hizo
Abraham.

No sienta temor cuando no sepa exactamente cómo
hará Dios para guiarlo y proveerle lo que necesite. Más
bien, aférrese a su mano y siga avanzando en fe. No hay

ninguna necesidad de preocuparse por lo que pueda hacer otra persona. En realidad no tiene ninguna importancia, porque Dios ha prometido sostener y defenderlo a usted.

Finalmente, si usted es de los que se han «ido a Egipto», es decir, los que se han alejado de la confianza y consagración a Dios como en el principio, regrese al Señor ahora mismo de todo corazón. Vuelva al altar que una vez levantó como lugar de adoración y entrega a Dios. Él es el que ha prometido recibir a todo el que se le acerca por medio de Jesucristo nuestro Señor. No deje de hacerlo por sentir que está demasiado lejos o por lo que hizo estando apartado. Aunque no lo pueda ver, el Padre está atento incluso ahora mismo, esperando con compasión y amor que usted vuelva a él.

ONCE
La obra más profunda de Dios

Hemos visto que el andar por fe es lo que nos lleva al plano del poder sobrenatural de Dios. El Espíritu obra en nosotros a fin de lograr cosas que son imposibles para el entendimiento humano. Dios es verdaderamente omnipotente. Tiene todo poder.

Sin embargo, muchas veces la expectativa que tenemos con respecto a ese poder está un tanto desviada. Principalmente estamos buscando que él muestre su poder en la creación, en la sanidad del cuerpo, en la provisión de trabajo para su pueblo, en traer al mundo un nuevo bebé... y todas estas cosas son maravillosas. Pero la Biblia declara que las cosas más grandes que Dios hace no son externas, sino *internas*. Efesios 3:20 se refiere a Dios «que puede hacer muchísimo más que todo lo que podamos imaginarnos» (nos gusta esa parte), «por el poder que obra eficazmente *en nosotros*» (énfasis del autor).

Solo las cosas internas nos acompañarán al nuevo mundo. No arrastraremos con nosotros nuestro cuerpo, nuestros autos, nuestras casas ni nuestras tierras. El gran autor Andrew Murray dijo cierta vez: «Tu corazón es tu mundo, y tu mundo es tu corazón.» Este es el sitio principal en el cual obra Dios en nuestra vida.

¿De qué sirve que Dios lo sane y lo mantenga con vida unos veinte años adicionales si usted anda en desobediencia durante esos veinte años? ¿De qué sirve cualquier bendición externa sin la paz y el gozo de Dios en el corazón? ¿Cuál es el objetivo de recibir una promoción y ganar mucho dinero si su gran casa lujosa no es un verdadero hogar, sino un cuadrilátero donde solo hay peleas y discusiones?

Nuestros problemas no están únicamente en nuestro entorno; son profundamente personales. El hecho de reparar el entorno a menudo no repara a la persona.

Desde mi infancia me han molestado los testimonios cristianos que ignoran lo interno y solo prestan atención a las cosas externas. «Alabado sea Dios por ese cheque de cien dólares que llegó por correo.» «Alabado sea Dios por haberme guardado de un accidente automovilístico.» Si bien estas son verdaderas bendiciones, son mucho mayores las cosas que Dios espera hacer dentro de nosotros.

Dios sabe que nuestros problemas no están únicamente en nuestro entorno; son profundamente personales. El hecho de reparar el entorno a menudo no repara a la persona. Algunas personas, en efecto, se fortalecen en medio de la adversidad; otras tienen una vida fácil y aun así se destruyen ellas mismas.

Sucio por dentro

NINGUNA PERSONA DE LA BIBLIA escribió de manera más sincera y elocuente respecto de lo que Dios hace adentro de nosotros que David. Y quizá su escrito más difícil haya sido el Salmo 51.

Al igual que todos nosotros, David era un pecador. Más de una vez cedió a la presión y a la tentación. Como usted tal vez sepa, una primavera se quedó en casa en lugar de salir con su ejército, y se metió en un grave problema.

A propósito, esa es una advertencia que he notado al pasar los años: Puede resultar peligroso no ir donde Dios lo envíe o no hacer lo que Dios le ha mandado hacer. Esta es una realidad para todos, no solo para pastores y misioneros. He visto a miembros del coro que cantan fielmente y con gran efecto durante un tiempo... y luego dicen: «Estoy un poco cansado; creo que me tomaré un descanso. Más adelante me involucraré en otro ministerio de la iglesia.» Si no se dirigen al siguiente lugar de servicio que Dios ha planeado para ellos, Carol y yo hemos visto con frecuencia que terminan alejándose por completo de las cosas de Dios. Satanás se aprovecha de ese momento para meterse y distraerlos.

Las personas que solo merodean por la iglesia y «pasan el rato» sin participar en forma activa en lo que Dios los ha llamado a hacer personalmente, están en una posición muy peligrosa. No existe diferencia alguna en lo que respecta a la recompensa para el que predica el evangelio, como es el llamado mío, comparado con el de la persona que sirve fielmente como ujier o como educador cristiano. Si alguno de nosotros se aleja de su llamado, se pone en peligro.

A David le sobraba demasiado tiempo y, una noche, no podía dormir. La noche presenta peligros propios. Si tiene dificultad para dormir, yo le aconsejo que empiece a alabar a Dios *rápidamente*. De lo contrario, la preocupación, la ansiedad y los pensamientos impuros pueden infiltrarse con facilidad.

En ese momento fue que David salió a su balcón y vio a Betsabé que se estaba bañando. Ella era hermosa. La deseó y, como era el rey, podía tener cualquier cosa y a cualquier persona que quisiera. Todos saben lo que ocurrió a continuación.

Cuando se supo del embarazo de Betsabé, este «hombre de Dios» actuó de manera vergonzosa. Eso es lo que nos puede hacer el pecado. Llamó al marido de ella, Urías el hitita, para que volviera del frente de batalla a fin de cubrir las huellas que David había dejado. No dio resultado. Así que emborrachó al hombre en un despreciable intento de

hacerlo cambiar de parecer. Eso también fracasó. Finalmente, envió a Urías de regreso a su regimiento llevando
una carta para el general Joab; una carta que era su propia
sentencia de muerte. David llevó a cabo lo que los neoyorquinos llamamos un «hit» que significa un asesinato. Cometió un asesinato realizado por manos de otro.

> *David llevó a cabo lo que los neoyorquinos*
> *llamamos un «hit». Cometió un asesinato*
> *realizado por manos de otro.*

Pensó que todo estaba cubierto.

Resulta difícil entender cómo pudo aguantarse a sí mismo durante meses y meses. El hombre que había escrito
salmos tan hermosos pasó la mayor parte de un año con
una valla levantada entre él y Dios. Luego Dios envió un
profeta para que le planteara su situación.

Solo entonces es que David admitió su culpa. Finalmente escuchamos cómo se confiesa en el Salmo 51: «Ten
compasión de mí, oh Dios ... Lávame de toda mi maldad y
límpiame de mi pecado» (vv. 1-2). De lo profundo de su
alma se arrepiente y pide el perdón del misericordioso Dios
al que ha ofendido.

Luego, a la mitad del salmo, explica en detalle tres cosas absolutamente esenciales que necesita recibir de Dios
con urgencia. Ha aprendido algo de esta caída terrible. Lo
que desea es imposible para él; es necesario que el Señor lo
haga. Y la obra debe llevarse a cabo en su *interior*.

Cuando escuche las palabras de David, se dará cuenta
que rara vez se oye a alguno orar de esta manera en las iglesias de hoy. Lamentablemente, no le estamos pidiendo a
Dios cosas como estas. No es nuestra manera acostumbrada
de hablar. Pero estos tres pedidos de David se encuentran
como base de cualquier vida cristiana victoriosa.

1. «Crea en mí un corazón limpio»

DAVID LE PIDE A DIOS: «Crea en mí... un corazón limpio» (v. 10). No solo está pidiendo que sea lavado su corazón manchado de pecado. Ya ha pedido limpieza anteriormente en los versículos 2 y 7. Ahora está profundizando. Desea que Dios empiece de cero, que *cree* un corazón completamente nuevo que sea totalmente puro. Reconoce que sin Dios, está todo retorcido por dentro. Quiere percibir todo lo que hay en su mundo a través de ojos puros, escuchar con oídos santos y tener reacciones piadosas.

Algunos de nosotros hemos hecho borrón y cuenta nueva tantas veces que ya no hay cuaderno que alcance. David, en cambio, clama a Dios pidiéndole que cree algo por completo nuevo en su interior.

Sus palabras van mucho más allá de nuestro idioma común de religión de promesas que es tan prominente en la actualidad: «Oh Dios, te prometo mejorar en el futuro. Nunca más haré esto.» Algunos de nosotros hemos hecho borrón y cuenta nueva tantas veces que ya no hay cuaderno que alcance. David no tiene ninguna esperanza de poder lograrlo por sus propios medios. En lugar de eso clama a Dios pidiéndole que cree algo completamente nuevo en su interior. La palabra *crear* aquí es la misma que se usa en Génesis 1:1, cuando Dios creó los cielos y la tierra. Significa un acto divino de producir algo maravilloso de la nada. La obra es toda de Dios.

Permítame decir que recibir un corazón puro de parte de Dios es mejor que ser sanado de cáncer. Es mejor que volverse rico de la noche a la mañana. Es mejor que predicar sermones maravillosos o escribir libros que sean éxitos de librería. Más bien es ser como Dios en su corazón.

2. «Renueva la firmeza de mi espíritu»

A CONTINUACIÓN, LO QUE DAVID pide en su clamor es la
firmeza de Dios en su diario vivir espiritual: «Renueva la
firmeza de mi espíritu» (v. 10). Todos conocemos la sensación de estar arriba un día y abajo al día siguiente... leer
las Escrituras todos los días durante una semana y luego
casi ni echarle una mirada la semana siguiente... subir y
bajar como un ascensor. La palabra hebrea que se usa aquí
para *firmeza* significa estar firme, fuerte, erguido, inamovible. David está confiando en que Dios hará una obra de
gracia dentro de él que le evitará altibajos, la experiencia
de montañas y valles que nos caracteriza a demasiados. Él
quiere resistir la tentación no solo un día, sino todos los
días. Sabe que no puede hacer eso él mismo... pero con
Dios, todo es posible.

David sabe que ha sido limpiado y perdonado, pero
siente que necesita algo más: firmeza de espíritu. No quiere ser como gelatina; pide ser como una *roca*. ¿Acaso no es
ese también nuestro deseo? En lugar de estar subiendo y
bajando en nuestro andar con Dios, anhelamos que Dios
por su gracia haga la misma obra para nosotros que pedía
David. ¿Creemos que Dios lo puede hacer?

Jesús dijo a Marta de Betania: «¿No te dije que si crees
verás la gloria de Dios?» (Juan 11:40). No debemos confor-
marnos con solo tener esperanza, o con lamentarnos por
nuestra débil condición espiritual. Más bien, debemos
acercarnos al trono de la gracia confiando en que Dios hará
lo que prometió (véase Hebreos 4:16). Pidámosle esta firmeza de espíritu que podrá sostenernos a través de las situaciones cambiantes de la vida.

3. «Que un espíritu obediente me sostenga»

UNA TERCERA COSA QUE DAVID sabe que no puede elaborar
él mismo es «un espíritu obediente» (Salmo 51:12). Dios
debe concederlo, y él lo reconoce. Además de ser firme, desea ser *obediente* a lo que Dios le pida. Cuando Dios pone el

dedo sobre algo en nuestra vida y dice: «Eso no es bueno para ti», o «Quiero que hagas esto, o que vayas allí», debemos estar dispuestos a aceptar su voluntad. No podemos seguir peleando contra Dios en nuestro espíritu.

David reconoce que solo el poder de Dios puede hacer que él esté dispuesto a andar en obediencia. Filipenses 2:12,13 nos dice: «Lleven a cabo su salvación con temor y temblor, pues Dios es quien produce en ustedes *tanto el querer como el hacer* para que se cumpla su buena voluntad" (énfasis del autor). Dios se compromete a «producir el querer». ¡Alabado sea su nombre!

David ha reconocido que su corazón puede traicionarlo. Su voluntad puede dar el consentimiento a las atracciones del mundo y de la carne. Por esto clama a Dios pidiendo que le dé un espíritu obediente. Otra vez, esto está diametralmente opuesto a gran parte del cristianismo de hoy, que se muerde el labio y se esfuerza más por hacer lo que solo el Espíritu de Dios puede lograr. A decir verdad, es necesario que Dios nos *haga* dispuestos. La salvación es del Señor, de principio a fin. Cuanto antes aprendamos que podemos detener nuestros vanos esfuerzos y dejarnos caer en los fuertes brazos de Dios, mejor será para nosotros.

Debemos pedirle a diario que nos limpie, nos sostenga, nos levante y nos dé un espíritu obediente, para que nuestro corazón corra «por el camino de tus mandamientos» (Salmo 119:32). Entonces verdaderamente anhelaremos hacer su voluntad. Nos acercaremos más a la actitud de Jesús, que dijo: «Mi alimento es hacer la voluntad del que me envió... no busco hacer mi propia voluntad sino cumplir la voluntad del que me envió» (Juan 4:34; 5:30). Para Jesús era un *gozo* obedecer a su Padre, no una carga.

El Espíritu Santo desea impartirnos este mismo espíritu, para que el cristianismo no sea una pesadez y una constante lucha contra nuestra baja naturaleza, sino una vida de amar lo bueno y aborrecer lo malo.

¿Será que algunos cambios son imposibles?

¿CUÁNTAS VECES HEMOS ORADO usted y yo como lo hizo David ese día? ¿No le parece que ya es tiempo de que digamos con fe renovada: «Dios, dame *tú* un corazón limpio. Dios, renueva *tú* la firmeza de mi espíritu. Dios, concédeme *tú* un espíritu obediente que me sostenga. No permitas que fluctúe, Señor. ¡Haz que me mantenga fuerte!»

Él puede hacer esto contra los patrones de conducta más depravados y los pensamientos más grabados. Entre los cristianos, algunos pecados se han caracterizado como muy difíciles para Dios poderlos cambiar. Incluso algunos ministros me han dicho: «Jim, vamos, dime la verdad, ¿alguna vez has visto que un homosexual cambie de verdad?»

«¿A qué te refieres? Por supuesto que sí», les he respondido. «En nuestra iglesia están por todas partes, sirviendo hoy en todo tipo de ministerios.»

---

*Incluso algunos ministros me han dicho:
«Jim, vamos, dime la verdad, ¿alguna
vez has visto que un homosexual
cambie de verdad?»*

Un pastor tuvo la franqueza de decirme: «La verdad es que ni siquiera quiero que esos homosexuales vengan a mi iglesia. Cuando han estado en ese estilo de vida, esa impureza se les queda grabada. No me importa quién diga que se ha salvado; igual les tengo puesto el ojo.»

Con ese tipo de incredulidad y prejuicio, es casi imposible ser testigo de la maravillosa gracia de Dios obrando en el pecador.

Un domingo por la noche, no hace mucho, un hombre muy culto y muy inteligente llamado Steve me contó lo que Dios había hecho en su vida. A pesar de que nació y se crió en un barrio bajo del sudeste de Washington, D.C., fue un alumno sobresaliente en la escuela y se ganó una beca para asistir a un colegio secundario privado en Pennsylvania. Mientras vivía allí en sus años adolescentes, le confesó un día a un consejero que se sentía un tanto atraído a otros muchachos, y no sabía qué pensar al respecto. El consejero básicamente le respondió que todo eso era muy natural y que no había de qué preocuparse. Steve no quedó convencido, pero no dijo nada más.

Las buenas calificaciones de Steve le ganaron una beca por mérito para la prestigiosa Universidad de Dartmouth en New Hampshire. En verdad, tuvo su primera experiencia homosexual estando en el primer año de la universidad, ante la invitación de un muchacho que no era obviamente afeminado sino más bien un atleta estrella y candidato al equipo olímpico de los Estados Unidos.

«La mañana siguiente me sentí muy hueco, muy vacío», recuerda Steve. «Había estado buscando amor, pero no me satisfizo.»

Mientras caminaba por el campus de la universidad en dirección a su trabajo a tiempo parcial, pensando para sí que ciertamente se había descarrilado, una voz le dijo de repente: *¡Sal de eso!*

Sin embargo, Steve no hizo caso a la advertencia, y al no contar con otra base espiritual en su vida, cedió a sus impulsos homosexuales una y otra vez. Cuando se graduó con honores de Dartmouth, ya tenía bastante experiencia en ese estilo de vida, pero aún no estaba seguro si quería continuar en eso por el resto de su vida.

El estilizado joven de ojos penetrantes y sonrisa eléctrica demostró tener talento en el campo de la danza, y en junio de 1978 se mudó a la ciudad de Nueva York para aceptar otra beca más, esta vez en el Centro Americano de Danza Alvin Ailey de renombre mundial. (A la larga consiguió trabajo con la prestigiosa compañía de danza de Martha Graham, un puesto que tuvo por espacio de diez años.)

Mientras tanto, un primo lo desafió a que por lo menos leyera la Biblia, y Steve se propuso leer el libro en forma sistemática, empezando por Génesis. Le llevó un año y medio llegar a Apocalipsis. Durante ese período, estaba compartiendo un apartamento con otros cuatro estudiantes de danza... todos homosexuales. Se desarrolló una estrecha camaradería entre los integrantes del grupo.

«Todos eran bailarines muy prometedores, y me aceptaron con afecto en su círculo», dice Steve. «Cuando nos quedábamos hablando hasta tarde en la noche, y yo decía algo acerca de alguna porción de la Biblia que había leído que se oponía a la homosexualidad, ellos me respondían: "No te preocupes por eso; estás leyendo las partes que no corresponde leer. Lee los Salmos, los Proverbios. Dios es un Dios de amor, y cualquier cosa que se trate de amor es aceptable para él."

»Tenía sentido para mí. Gradualmente me convencí de que mis sentimientos hacia otros hombres debían haber sido ordenados por Dios.»

Un amor diferente

STEVE PASÓ DE UNA RELACIÓN A OTRA, hasta que finalmente se solidificó una relación con un artista muy talentoso. Ambos escogieron un apartamento donde vivir juntos, a una cuadra de Brooklyn Tabernacle. Los domingos no podía evitar notar la multitud de personas en la acera que entraban y salían de nuestras reuniones, y se dijo que le gustaría visitar el lugar. Finalmente vino en octubre de 1980.

«Sentí el amor de Dios en cuanto entré por la puerta», dice él con un poco de asombro. «Se percibía la presencia de Dios de manera poderosa. Instintivamente quería estar allí. Cuando dejé el lugar, ¡me sentía lleno de gozo!»

Steve siguió viniendo. Nadie lo sentó para darle un discurso sobre la homosexualidad. A decir verdad, no creo que ninguno de nosotros supiera lo que él hacía en privado. Solo seguía volviendo a la iglesia, absorbiendo la Palabra y la presencia de Dios, y empezaba a sentir cada vez con más fuerza la convicción de su pecado. A pesar de que sentía deseos de estar en la iglesia, salía corriendo del edificio en cuanto terminaba la reunión, evitando comunicarse con los demás creyentes.

Alrededor de ese tiempo, se había programado en la ciudad un gran desfile de homosexuales, y los amigos de Steve lo instaban a asistir. Él sabía que no deseaba marchar en las calles, pero sí asistió a la concentración simultánea que se realizó a la orilla del río en el «Village», como llamamos a esa sección de Manhattan.

«Observé a la multitud de hombres, tomados del brazo, y escuché los discursos apasionados», recuerda Steve, «y nunca en mi vida me sentí tan solo. Algo dentro de mí preguntaba, *¿Dónde estaré de aquí a diez años? ¿Aquí, festejando la homosexualidad en las calles? Desde luego que no.* Sin cesar, Dios con un cincel iba desarmando mis creencias.

Poco después de eso, una noche Steve se puso tontamente en peligro exponiéndose a una enfermedad de transmisión sexual. Eso exigió que fuera al edificio de «Crisis de salud del hombre homosexual» para hacerse análisis. Otra vez se sintió incómodo al recorrer con la vista la sala de espera. *No pertenezco aquí. Estos lugares ya no son para mí.*

Poco después de eso volvió a nuestra reunión de oración de los martes por la noche, donde clamó a Dios al pie de la baranda del altar. Recuerda que oró: «Dios mío, sé que me amas. Y estoy dispuesto a reconocer que esto es un pecado en mi vida. Pero necesito que me muestres la salida. Solo no puedo.»

Siguió la lucha con sus emociones. Para Steve no había una manera rápida de salirse del estilo de vida homosexual. En ocasiones se deprimía y perdía mucho peso. Pero estaba decidido a creer que Dios lo cambiaría por dentro. En fe se aferró a la promesa de libertad en Cristo. Tomó la difícil decisión de detener todo tipo de actividad homosexual.

Entonces, un día nublado cerca del final de 1982, mientras iba caminando frente a la famosa tienda por departamentos Bloomingdale's en la Calle Cincuenta y nueve este para dirigirse al trabajo, cuando sin ningún motivo aparente, sintió que era libre de sus ataduras. «De repente, ¡supe que Jesús me había librado!», dice él.

La relación con su compañero se disolvió, y el hombre se fue del apartamento. En cambio, Steve se unió a un grupo de oración de hombres donde encontró aliento espiritual, y su vida empezó a rebosar del Espíritu Santo. Más adelante se involucró en un ministerio de Manhattan que trabaja con homosexuales y lesbianas. Escrituras tales como Jeremías 32:27 cobraron vida para él: «Yo soy el SEÑOR, Dios de toda la humanidad. ¿Hay algo imposible para mí?»

Con su articulación y destreza para hablar, pronto se convirtió en el vocero del ministerio, apareciendo en predios universitarios y programas cristianos de televisión. Hasta lo invitaron al espectáculo de televisión de *Sally Jessy Raphael* de distribución nacional para grabar un programa titulado «Los homosexuales, ¿nacen así?» Naturalmente, resultó ser el único cristiano ex homosexual en el programa, y en cuanto empezó a hablar acerca del poder de Jesús que lo había librado, se desató el caos en el foro. El público se mofaba mientras otros invitados descargaban su ira sobre Steve.

«Ese día, al regresar a casa, me sentía triste por todo lo ocurrido. Pensaba en todas las cosas que debía haber dicho, pero no lo hice. Estaba bastante desalentado.

»Pero a horas tempranas de la mañana siguiente, me despertó el teléfono. Un muchacho de Carolina del Norte me preguntó:

»—¿Estuvo usted en la televisión anoche?

»—Pues, sí, estuve. (¿Cómo será que consiguió mi número telefónico?)

»—¿De verdad puede Jesús hacer eso para una persona? —preguntó el joven mientras se le quebraba la voz.

»—¡Sí, de verdad lo puede hacer! —le respondí.

»Pasé a explicarle el evangelio. ¡Quizá, después de todo, mis palabras del día anterior no habían sido en vano!»

¿Quién se lo imaginaría?

UNOS AÑOS DESPUÉS, STEVE CONOCIÓ en nuestra iglesia a una bella mujer cristiana llamada Desiree. Ella también tenía el deseo de ministrar a los enfermos de VIH y SIDA. Con el tiempo se enamoraron y empezaron a hablar de matrimonio.

Eso le presentaba a Steve un incómodo dilema. «Sabía que cada compañero que había tenido en años pasados ahora estaba muerto o al menos era VIH positivo. El campo de danza profesional ha sido devastado por el SIDA. Sabía que si este asunto con Desiree había de progresar, sería necesario que me hiciera otro análisis.

«La espera de dos semanas para recibir los resultados fue un suplicio para mí. Finalmente llegó el día. Fui a la clínica para que me dijeran los resultados. El veredicto fue... ¡negativo! Fue un verdadero acto de la gracia de Dios que no hubiera sido infectado en todos esos años. Salí del edificio llorando de gozo.»

Steve y Desiree se casaron el 3 de junio de 1989. Desiree sabía todo con respecto a Steve, y ni siquiera parpadeó. Renunció a un trabajo exitoso en ventas y volvió a estudiar para obtener una maestría en salud pública. Pronto empezaron un ministerio nuevo en nuestra iglesia, un grupo de apoyo en su hogar para personas que padecen de VIH y SIDA. Muchos fueron dirigidos al Señor y se les enseñó que vivir para Cristo es mucho más que rechinar los dientes y cruzarse de manos. Es caminar con fe y gozo de acuerdo al plan de Dios, lo cual es infinitamente mejor.

Por supuesto que dirigir ese grupo también implicaba tener que lidiar con pérdidas. Un año, quince de los miembros murieron de SIDA.

Más recientemente, Steve y Desiree se han mudado fuera de la ciudad a unas dos horas de distancia para que él pudiera aceptar un puesto de profesor adjunto en una universidad de renombre de la costa este del país. Les han nacido dos hermosas niñas para agraciar su hogar lo cual constituye otra evidencia del maravilloso amor de Dios.

La mano de Dios está sobre este matrimonio y su familia de manera especial.

En mi mente no hay duda de que este hombre maravilloso ha sido cambiado por el poder de Dios. Una vez me contó que cuando asistió a la convención de Locutores Religiosos Nacionales (NRB) en Washington, D.C., se le acercó un ministro cristiano en la sala de exposición y le preguntó algunas cosas con respecto a su trabajo. Luego le formuló a Steve una variación de la misma pregunta que, como antes mencioné, me habían hecho a mí:

—¿De modo que usted declara haber sido librado de la homosexualidad?

—Sí, ¡alabado sea el Señor! —respondió Steve con una amplia sonrisa—. Lo que Dios ha hecho en mi vida es una cosa tremenda.

El hombre lo miró directo a la cara y dejó caer su bomba:

—*Yo no lo creo.*

Y diciendo eso, dio media vuelta y se alejó, dejando a Steve sin palabras.

Me alegro de no haber estado allí en ese momento; una parte de mi crianza en «Brooklyn», que sigue estando en mí, pudiera habérseme escapado. Pero una respuesta mejor a ese lamentable hombre hubiera sido lo que escribió el apóstol Pablo en Romanos 3:3,4: «Pero entonces, si a algunos les faltó la fe, ¿acaso su falta de fe anula la fidelidad de Dios? ¡De ninguna manera! Dios es siempre veraz, aunque el hombre sea mentiroso.»

No importa cuán profundo y oscuro sea el secreto, ni cuántas veces lo ha derrotado cierto pecado, Dios puede operar un cambio en su vida.

La gracia de Dios va más allá de lo que nos es posible imaginar. La vida de Steve es un recordatorio de que solo Dios puede darnos lo que de verdad necesitamos: un corazón puro, firmeza de espíritu y un espíritu obediente. No importa cuán profundo y oscuro sea el secreto, ni cuántas veces lo haya derrotado cierto pecado, Dios puede operar un cambio en su vida. Pero debe ser el Espíritu Santo obrando desde el interior y no los débiles esfuerzos que usted haga para «tener un mejor desempeño la próxima vez». Lo único que pide de usted es que le presente todo el lamentable desastre para que luego pueda empezar la transformación espiritual que usted necesita.

No intente ser fuerte por su cuenta, porque eso es exactamente lo opuesto de lo que hace falta. A Dios siempre le atrae la debilidad. «El sacrificio que te agrada es un espíritu quebrantado; tú, oh Dios, no desprecias al corazón quebrantado y arrepentido» (Salmo 51:17). Ese versículo proviene del mismo salmo donde empezamos, y si se une a David haciendo esta oración de fe poco común, hallará que la obra más profunda de Dios se hará realidad en usted.

DOCE

Restar para sumar

Cuando cualquiera de nosotros va a comprar una joya fina de plata, sea un anillo, una pulsera o un collar, nos dirigimos a un atractivo negocio que tenga buena iluminación y personal bien vestido esperando mostrarnos la mercadería diversa que contienen sus vitrinas. Todo el entorno es bello, limpio y sofisticado.

Por supuesto, si fuéramos a seguir el rastro de ese metal hasta llegar a sus orígenes, se verificaría lo opuesto. Una mina de plata es un sitio oscuro, sucio y peligroso. Hombres que soñaban con fortunas han perdido su vida en ellas, ya sea en la veta de Comstock en Nevada durante la fiebre de la plata de 1859, en Real de Monte y Pachuca en Hidalgo, México (la mina de plata más grande del mundo), o las antiguas fuentes de plata en Grecia y Armenia allá por los tiempos bíblicos.

Y cuando el mineral se trae a la superficie, aún queda mucho por hacer para terminar el trabajo. Todavía hace falta triturar, amalgamar y fundir. La plata no se funde hasta llegar a la temperatura de 960,5 grados Celsius; recién entonces empieza a soltar sus impurezas. Tanto el rey Salomón como el profeta Isaías tenían todo eso en mente al escribir acerca de cómo Dios nos refina, o sea cómo purifica nuestro corazón y nuestra vida:

Quita la escoria de la plata,
y de allí saldrá material para el orfebre;

quita de la presencia del rey al malvado,
y el rey afirmará su trono en la justicia.

Proverbios 25:4-5

[Habla Dios] Volveré mi mano contra ti,
limpiaré tus escorias con lejía
y quitaré todas tus impurezas.

Isaías 1:25

---

*«Siéntase bien» y «Manténgase en lo positivo»
se han convertido en los lemas operativos.
Tendemos a erizarnos ante la idea de que
Dios quiera obrar cambios de importancia.*

Si bien todos queremos que nuestras joyas sean de alta calidad, a menudo no pensamos en la necesidad de que haya un proceso similar en nuestro corazón. A decir verdad, cada año se hace más difícil hablar de temas tales como este, porque nuestras iglesias se han conformado al mundo. «Siéntase bien» y «Manténgase en lo positivo» se han convertido en los lemas operativos. Tendemos a erizarnos ante la idea de que Dios quiera obrar cambios de importancia en nuestra vida. Nos gusta bastante cuando Dios dice cosas tales como «Nunca te dejaré; jamás te abandonaré»... «Guardaré tu salida y tu entrada»... y así sucesivamente. Sí, es cierto que Dios dijo todas esas cosas, pero las realidades espirituales son un poco más complejas.

Dios trata con nosotros de la manera que trataría un padre con su hijo. A veces damos un elogio o una palmada en la espalda; sin embargo, en otras ocasiones hacemos lo que le dijo el apóstol Pablo al joven ministro Timoteo que hiciera: «Corrige, reprende y anima con mucha paciencia, sin dejar de enseñar» (2 Timoteo 4:2). A los cristianos nos gustan ciertas partes de ese versículo, pero no nos entusiasma tanto el resto. Valoramos el aspecto de «dar ánimo», la parte que habla de «mucha paciencia». No nos gusta tanto el asunto de «corregir y reprender».

En la actualidad se piensa que los pastores solo cumplen correctamente su función cuando nos dan una «palabra de aliento». ¿Cuántos sermones y sesiones de consejería contienen corrección o represión inspirada? Son demasiados los lugares en los que los integrantes del clero se han visto reducidos a simples asalariados, y solo mantienen su popularidad (¿y su empleo?) si siguen comunicando esos mensajes que la gente *desea* escuchar.

Menos es más

SIN EMBARGO, LA MANERA DE DIOS en las Escrituras dista de la cultura eclesiástica de nuestra nación. Él sabe que es absolutamente necesario remover la escoria de nuestra plata, que hace falta calentarnos hasta el punto incómodo en que pueda, como se lee en Isaías 1:25: «[Quitar] todas [nuestras] impurezas.» Él está restando a fin de sumar. Es una matemática extraña, debo reconocerlo, pero es la realidad en el reino espiritual. En la matemática de Dios, a veces se obtiene más si se tiene menos.

En mi primer libro (*Fuego Vivo, Viento fresco*) mencioné que cuando llegamos por primera vez a Brooklyn Tabernacle en 1971, la iglesia estaba en total desorden. Menos de veinte personas asistían a los cultos. Al cabo de uno o dos meses, ¡comprendí que algunos de los problemas más importantes estaban dentro del mismo pequeño grupo! Unos pocos hacían cualquier cosa que se les ocurriera durante los cultos. Esta costumbre no era bíblica ni tampoco edificante. Había otros problemas de tensión racial y personas que insistían en ocupar posiciones de liderazgo.

Yo era joven y me ponía nervioso cuando tenía que enfrentarme a estas situaciones. Supongo que mi antecesor había sentido que lo mejor era no hacer nada; cualquier corrección probablemente haría que se alejara alguno, y entonces la asistencia (al igual que las ofrendas) se reduciría aun más. Pero en mi corazón sabía que esto no daría resultado. Había jugado suficiente baloncesto para saber que a veces, para poder ganar, es necesario echar a algún jugador del equipo. Su presencia arruina el ritmo del resto del equipo. Es posible que su talento sea superior al promedio, pero en los cambiadores y en la cancha ejerce una mala influencia y destruye la cohesión del equipo. Si no cambia, debe irse. Muchos equipos universitarios y profesionales han experimentado esto. En ocasiones un jugador menos significa un equipo mejor.

Empecé a orar: «Oh Dios, te pido que cambies a las personas o hagas que se vayan.» El Señor me ayudó a aceptar la resta a fin de empezar a sumar. Y eso es exactamente lo que ocurrió.

Si la plata está contaminada con escoria, no sirve para nada seguir agregando más metal a la pila. El joyero no podrá producir algo hermoso de esa plata por grande que sea la pila o por mucho que lo intente. Hay algo que debe quitarse. Mientras sigan estando las impurezas, la plata no será brillante ni homogénea.

En muchos aspectos aceptamos esta verdad sin problemas, pero en lo espiritual nos resistimos a ella. Imagine que alguien con un sobrepeso de cuarenta o cincuenta kilos (80 a 100 libras) va al médico y le dice:

—Por favor, ayúdeme a sentirme mejor. Cuando me despierto por las mañanas, me arrastro. Necesito alguna pastilla que me dé energía.

El médico le dirá:

—Por muchas pastillas que se tome no logrará restaurar su energía. Lo que necesita hacer es concentrarse en perder unos veinticinco kilos, para empezar.

—¿Qué? ¡Óigame! Vine a su consultorio para que me hiciera sentir mejor. No puedo cambiar todo mi estilo de vida. Solo déme algo que me ayude.

Esa persona *logrará* mejorar su estado de salud mediante la resta, no la suma.

Imagínese otro paciente que tiene un tumor canceroso y se presenta al consultorio para pedir que le den una aspirina mejor para calmar el dolor. Eso no servirá. Es necesario extirparle el tumor. Si el paciente protesta:

—¡Oiga, no vine aquí para perder parte de mi cuerpo!

—Pues verá, es *necesario* que pierda esta parte en particular de su cuerpo —le responderá el doctor—. Es cáncer y hay que eliminarlo.

—¿Usted me dice que se interesa por mí y que es mi amigo y me va cortar con una cuchilla?

—Exactamente. Si no lo hago, morirá.

Hay que comunicar la dura verdad

MUCHOS DE NOSOTROS SOMOS RÁPIDOS para gritar aleluya y celebrar las bendiciones de Dios. Otros tienen una cabal comprensión intelectual de la doctrina bíblica. Todo eso es bueno, pero nos es fácil rechazar el hecho de que todo el ruido y el conocimiento del mundo no nos servirán de nada si no eliminamos la escoria que hay en nuestra vida. Por mucho que se hable no se puede producir una vida piadosa sin que haya un proceso íntimo y continuo de purificación en nuestro corazón.

Todo el ruido y el conocimiento del mundo
no nos servirán de nada si en nuestra vida
hay escoria que no se ha quitado.

Algunos estamos extralimitados en nuestras finanzas. Otros tenemos un calendario exageradamente atareado. La única manera de estar más saludable es reducir el endeudamiento, recortar las actividades. Cualquier cosa que estorba nuestro andar con Dios viene a ser el blanco de este proceso de purificación.

Muchos creemos que cuanto más hacemos y cuanto más adquirimos, más felices seremos. Estamos equivocados. Este es el motivo por el cual muchos cristianos no ven que se cumplan los propósitos de Dios en su vida. Pueden citar el versículo bíblico acerca de la paz de Dios que sobrepasa todo entendimiento, pero tienen poca experiencia en cuanto a lo que esto significa.

Como Dios le ama, siempre será franco y le dirá la verdad. Es absolutamente despiadado al perseguir las cosas

que impiden que fluyan su gracia y bendición a nuestra
vida. Su proceso es restar a fin de sumar. Él nunca jamás
aceptará una tregua con respecto a nuestros pecados se-
cretos. «Hay que deshacerse de eso», insistirá él. «No puedes avanzar con eso en tu vida. No puedo crear una bella
vasija de plata estando presente esa escoria.»

**Como Dios le ama, siempre será franco
y le dirá la verdad.**

Cuando Jesús inició su ministerio público, una de sus
primeras paradas, según el Evangelio de Juan (véase capítulo 2), fue en el templo abarrotado. ¿Acaso trajo nuevos colores de pintura y muebles costosos para agregar al decora-
do? No. Se deshizo de las cosas que no debían estar allí.
Echó a los mercaderes explotadores. Ese día demostró ser
un rígido refinador, porque amaba profundamente el propósito del templo como «casa de oración para todas las naciones», y deseaba que fuera restaurado.

Debemos enfrentarnos al hecho de que para ser lo que
Dios quiere que seamos, será necesario que él quite de
nuestra vida las cosas que no corresponden. En cualquier
vida o ministerio dedicado a él, debemos detenernos y preguntar: «¿Hay aquí actitudes que entristecen al Señor?
¿Hay hábitos que deban vencerse? ¿Cuáles son las impurezas que deben ser quitadas? ¿Y qué tal ese deseo de llamar
la atención, esa competitividad, esa búsqueda de gloria y
aclamación? ¿Qué pasa con ese prejuicio o esa actitud crítica para con los demás?» Debemos ser absolutamente fran-
cos al invitar a Dios a escudriñarnos por completo y quitar
cualquier cosa que él considere prescindible.

Un sábado por la noche estaba buscando a Dios al pre-
pararme para las reuniones del día siguiente. Sencillamente estaba renovando la consagración de mi vida e intentando acercarme más al Señor... cuando de repente me
vinieron a la mente los nombres de tres personas. Ninguno
de ellos estaba cerca; estaban esparcidos por todo el país.
En los tres casos, mi relación con ellos no era lo que debía

ser. En la superficie no había nada malo; mi relación no estaba cortada con ninguno de ellos. Pero no estaba bien delante de Dios que es amor. En realidad, no sentía que hubiera pecado en contra de ellos, pero aun así...

Jim, el Señor parecía decir, *tú sabes que hay una valla que te separa de cada una de estas personas. Hay algo que no está bien. ¡Llámalas! Es necesario que repares la brecha.*

Rápidamente me defendí: «Mira, yo no soy el causante de estos problemas. Sinceramente siento que ellos son los que tienen la actitud equivocada, no yo.»

Pero Dios no me dejaba en paz: *Llámalos y arrepiéntete de cualquier dolor que hayas causado, sea que lo hayas hecho a propósito o no.*

Antes de que pasaran las siguientes dos semanas, hice las tres llamadas telefónicas. La humillación me hizo bien, y además me permitió ver desde una nueva perspectiva la obra de Dios en mi vida. Qué bendición resultó permitir que Dios hiciera subir la escoria a la superficie y así quitarla finalmente. Creo que inmediatamente después estudié, oré y prediqué con unción y vigor renovados.

Incómodo, pero necesario

PRESTE ATENCIÓN A LA PENETRANTE profecía de Malaquías acerca de Cristo:

Pero ¿quién podrá soportar el día de su venida? ¿Quién podrá mantenerse en pie cuando él aparezca? Porque será como fuego de fundidor o lejía de lavandero. Se sentará como fundidor y purificador de plata; purificará a los levitas y los refinará como se refinan el oro y la plata. Entonces traerán al SEÑOR ofrendas conforme a la justicia, y las ofrendas de Judá y Jerusalén serán aceptables al SEÑOR, como en los tiempos antiguos, como en años pasados.

Malaquías 3:2-4

¿Incluye su teología a Jesús sentado en el banco de un refinador, observando un caldero de metal líquido bajo el cual el fuego está cada vez más caliente? ¿Puede ver cómo se inclina cada tanto con un cucharón plano para quitar las impurezas que han subido burbujeando hasta la superficie? ¿Tiene nuestra fe la profundidad suficiente para entregarse al fuego del fundidor?

¿Estaremos siempre cómodos en este proceso? Por supuesto que no. ¿Resulta placentero? De ninguna manera. Pero es el método que usa nuestro Salvador para deshacerse de la chatarra en nuestra vida. Y después, su gozo y paz se percibirán de inmediato, pero a una profundidad mucho mayor en nuestro interior de la que hayamos conocido jamás.

Si usted es padre, sabrá lo que representa ver a su hijo comiendo tantas basuras y decidir hacer algo para impedirlo. O quizá a su hijo lo estén afectando las malas influencias en la escuela. Decidir hacer algo al respecto, no es algo que le dará gran popularidad, pero usted está haciendo lo que puede para *restar* estas cosas de la vida de su hijo. Su intención no es arruinarle el día. Lo hace porque lo ama.

La Biblia dice que «el SEÑOR disciplina a los que ama, como corrige un padre a su hijo querido» (Proverbios 3:12). El propósito de Dios para nosotros va mucho más allá de cómo nos sentimos al momento. Con amor, él permite presiones y pruebas, deja que de tanto en tanto se desfonde la situación, para que nuestras reacciones suban hasta la superficie. Vemos nuestra falta de fe, nuestra falta de amor... y ese es su objetivo.

En realidad, Dios nos coloca en situaciones que superan nuestra capacidad de tolerancia. Permite que vengan dificultades con nuestros hijos, y decimos: «¿Por qué, Dios?» Él nos está refinando. Nos está enseñando a confiar en él. Nos está despojando de nuestra fuerza y llenándonos de la de él. Sabe exactamente cuánto fuego permitir en nuestra vida. Nunca nos quemará, pero si saltamos de un caldero porque está demasiado caliente, él nos tiene otros preparados. Se *debe* quitar la escoria.

¿Sabe usted cómo el antiguo refinador sabía cuándo había acabado, y podía finalmente reducir el calor? Cuando miraba dentro del caldero y *veía el reflejo de su propia ima-gen* en la plata resplandeciente. Mientras la imagen estu-viera turbia y moteada de escoria, sabía que era necesario seguir trabajando. Cuando su rostro finalmente se refleja-ba con claridad, la plata había sido purificada.

Esto es exactamente lo que ocurre con nuestro proceso de purificación espiritual. El plan eterno de Dios es que seamos «transformados según la imagen de su Hijo» (Ro-manos 8:29). Jesucristo sigue siendo hoy el refinador y pu-rificador de su pueblo. Mientras trabaja cuidadosamente en nuestra vida, mira en nuestro interior buscando ver su propio y bendito reflejo.

Dios nunca permitirá que permanezcamos como estamos hoy. Esa es la razón de este proceso de purificación que está ocurriendo en nuestra vida.

¿Acaso no sería mejor confiar en Cristo y rendirnos a este proceso en lugar de pelear en su contra? Recuerde que es un proceso de amor a fin de traer belleza, crecimiento y expansión a nuestras vidas. Así es como Dios nos santifica. Y nunca debemos olvidar que cuanto más santa la vida, mayor es la verdadera felicidad que experimentamos por dentro. Las impurezas espirituales son las que nos roban lo mejor que tiene Dios para nosotros.

No luche contra el proceso

ENFRENTÉMONOS AL HECHO de que Dios nunca permitirá que permanezcamos como estamos hoy. Esa es la razón por la cual está ocurriendo este proceso de purificación en nuestra vida. Todos estamos «en construcción». (A veces, al ver todo el trabajo de envergadura que queda por hacer-se en mi vida, me dan ganas de advertir a las personas que se pongan un casco por si caen escombros.)

Solo podemos avanzar si perdemos algunas cosas. Dios sigue restando para sumar. La comunión con él es nuestra mayor necesidad, pero se nos presentan montones de impedimentos, ¿no es así? Algunas personas saben más acerca de algún programa de televisión que del proceso de Dios para mejorar su vida espiritual. Están más al día en cuanto a los equipos y héroes deportivos que en cuanto a lo que enseñaron los apóstoles y profetas en el nombre del Señor. Todo este peso nos impide avanzar al tratar de correr la carrera de la fe. Nos tambaleamos en las promesas de Dios porque nuestro corazón está tupido con tantos hábitos no edificantes y tantas cosas innecesarias.

Cuando alguien lucha con obstinación contra el proceso de refinamiento de Dios, las cosas se pueden poner feas. Cuando nos aferramos a la escoria y las impurezas como si fueran una especie de tesoro, el futuro se vuelve oscuro y amenazador. Es como la propia destrucción espiritual.

Me temo que no todas las historias del Brooklyn Tabernacle, la iglesia que pastoreo, son siempre tan positivas. Hemos tenido nuestra cuota de naufragios espirituales. Hace muchos años perdí a uno de mis asociados más allegados que, sin que yo lo supiera, había empezado a pasar demasiado tiempo con una mujer casada que era una cristiana recién convertida. Su esposa empezó a percibir que algo andaba mal, pero de manera astuta él justificaba su actuar dándole un matiz espiritual y la culpaba de ser severa en sus apreciaciones. Ella no dio a conocer sus sospechas a nadie más.

La iglesia era más pequeña en aquel entonces, y este asociado era conocido y querido por toda la congregación. Un día, en una reunión con el personal, le pedí que hiciera una oración. Empezó a orar con dificultad y luego de manera extraña rompió en llanto. Algo le sucedía, algún profundo conflicto del alma. Lamento hasta este día no haber sido más capaz de discernir. No le hice frente como amigo y hermano en Cristo.

En pocos meses, la infección espiritual creció y se volvió más alarmante. De repente, recibí una llamada telefónica —para colmo estando yo de vacaciones— comunicándome que debía volver rápidamente a Brooklyn. Mi asociado había desaparecido junto con su amiga (ella abandonó a sus dos hijos y a su esposo). Se habían llevado diez mil dólares de la cuenta de la iglesia. Dejaron una nota lamentable tratando de asegurarme que «Dios entiende lo que estamos haciendo».

¡Qué tragedia! Y cuán poderosamente puede engañarnos el pecado.

Como él ocupaba una posición tan visible, el domingo me tocó hacerme cargo de la nada envidiable tarea de comunicar la noticia, de la mejor manera posible, a la congregación. Lloré abiertamente mientras hablaba. Todavía puedo recordar los gemidos audibles y los llantos angustiados que se escuchaban por todo el auditorio de la iglesia.

A menudo he pensado cuántas veces debe haber tratado Dios con mi amigo. ¿Cuántas veces habrá sido advertido por el Espíritu Santo? ¿Cuántas veces habrá estado acostado en la cama luchando contra la convicción de pecado? Todos sabemos cuán persistente es el Espíritu Santo en lo que se refiere a tratar de salvarnos del desastre de un naufragio.

A pesar de que millones de personas en todo el mundo se han vuelto fascinadas con la historia del Titanic y la fatídica noche que se hundió en las aguas gélidas del Atlántico Norte, no fue nada comparado con la tragedia espiritual de hombres y mujeres que desprecian la purificación del fuego del refinador, para luego encontrarse en sitios fríos y oscuros que nunca imaginaron.

O Dios, te pido que limpies y purifiques nuestro corazón y nuestra vida. Derrite la escoria; quita las impurezas, todas, ya sea que se encuentren en nuestros actos, nuestras palabras o nuestros pensamientos. Sálvanos de nosotros mismos, y afírmanos en justicia mediante tu diestra de poder. Pedimos esto con humildad, dependiendo de ti, en el nombre de Jesús.

Amén.

TRECE
La atmósfera de fe

HOY Y SIEMPRE, la batalla de la vida cristiana no es
solo creer, sino *seguir* creyendo. Es así como llegaremos a
crecer fuertes en la fe y veremos el cumplimiento de las
promesas de Dios en nuestra vida.

A lo largo de este libro, hemos visto la primacía bíblica
de la fe y su naturaleza vital si hemos de vivir según la voluntad de Dios. El escritor de Hebreos resume esto en un
pasaje muy famoso:

> Así que no pierdan la confianza, porque esta será
> grandemente recompensada. Ustedes necesitan per-
> severar para que, después de haber cumplido la volun-
> tad de Dios, reciban lo que él ha prometido. Pues
> dentro de muy poco tiempo,
>   «El que ha de venir vendrá, y no tardará.
>   Pero mi justo vivirá *por la fe*,
>   Y si se vuelve atrás,
>   no será de mi agrado.»
>
> Pero nosotros no somos de los que se vuelven atrás y
> acaban por perderse, sino de los que *tienen fe* y preser-
> van su vida.
>
> Hebreos 10:35–39 (énfasis del autor)

En otras palabras, nos está diciendo que no seamos como los israelitas que creyeron por un tiempo y luego se apartaron. Lo que los condenó a nunca entrar a la tierra prometida no fue el pecado de la idolatría en sí ni la inmoralidad ni la codicia; fue la horrible ofensa de la incredulidad. A pesar de que Dios les había prometido dar la tierra a los hombres y mujeres que habían sido liberados de Egipto, nunca llegaron a poner un pie en ella por causa de su crónica falta de fe.

---

*La fe es como una mano que se extiende
hacia arriba para recibir lo que Dios
libremente prometió. Si el diablo puede
forzarle a bajar nuevamente la mano,
habrá tenido éxito.*

En la actualidad tendemos a restarle importancia a la incredulidad como si fuera poco más que una debilidad común. Decimos cosas tales como: «Ya sabe usted, a la señora Smith le cuesta creer que Dios pueda ayudarla.» Dios no lo ve así. Él lo llama «volver atrás» y nos hace saber que decididamente no es de su agrado. En efecto, rechazar las promesas que nos ha hecho es mucho más destructivo que los pecados sensacionales de los cuales hablamos a menudo. La Biblia tilda de «corazón pecaminoso e incrédulo» al que se aparta del Dios vivo (Hebreos 3:12). ¡Esas palabras son solemnes y espantosas!

Ahora vemos por qué la gran meta de Satanás es *destruir nuestra fe*. Él sabe muy bien que los justos viven por la fe, así que apunta a cortar la cuerda de salvamento que nos une a Dios. La fe es como una mano que se extiende hacia arriba para recibir lo que Dios libremente prometió. Si el diablo puede forzarle a bajar nuevamente la mano, habrá tenido éxito. Todo lo que Dios tiene pensado darnos se quedará allí donde está en el cielo.

Recuerde que esta fe no solo es un asentimiento mental a ciertas verdades en la Biblia. Muchas personas suponen: «Dios dijo algo, y en mi mente afirmo que es verdad; eso es fe.» Están equivocados. Aun el diablo puede dar asentimiento mental a la verdad de muchos hechos bíblicos. Y sin embargo, sigue siendo Satanás: nuestro adversario. La fe verdadera se produce cuando nuestro corazón se acerca a Dios mismo y recibe sus promesas en lo profundo de nuestro ser. Allí, por su propio poder divino, la Palabra obrará de manera sobrenatural.

Al momento que este tipo de fe en el corazón empieza a enfriarse, perdemos nuestra capacidad de recibir de Dios. La enfermedad crónica que nos aflige no es una falta de obras o de esfuerzo; es una falta de fe verdadera. Muchas veces tratamos el síntoma y no la causa, el comportamiento externo y no su fuente de origen.

De modo que la carrera que estamos corriendo es la carrera de la fe. Las personas que se pierden por el camino son las que han dejado de confiar en el Dios invisible. Ninguno de nosotros desea volverse atrás o convertir nuestras vidas en un naufragio como se describió en el capítulo anterior. Deseamos recibir no solo su máxima promesa de salvación en el cielo sino también las muchas otras promesas que nos ha hecho por el camino. Deseamos vivir en la voluntad de Dios.

Y no disponemos de mucho tiempo para lograr esto. Según se lee en el pasaje arriba mencionado, Jesucristo viene pronto.

La fe sigue a las promesas

AL CORRER ESTA CARRERA, nunca debemos olvidar un principio importante: A causa del lugar singular que Dios le ha asignado a la fe, *su gracia fluye por los canales de sus promesas… no sus mandamientos*. Los mandamientos de Dios verdaderamente demuestran su carácter santo y revelan nuestra naturaleza pecaminosa, pero eso es todo. No tienen el poder en sí de capacitarnos a obedecer, lo cual nos crea un dilema. ¿Cuántos creyentes a escala mundial están librando ahora mismo la batalla que libraba Pablo al decir: «Deseo hacer lo bueno, [pero] no soy capaz de hacerlo» (Ro-

manos 7:18). No es que no *sepamos* lo que es correcto, o que
no *deseemos* vivir de esa manera. Nuestro problema radica
en la fortaleza espiritual para obedecer. Y los mandamientos de Dios no pueden impartir eso. A decir verdad, la naturaleza de los mandamientos que dicen «Harás esto» y «No
harás aquello» no es lo que atrae la ayuda de Dios. Esta se
logra por el ministerio de sus promesas llenas de gracia.

Los santos de todas las edades, al encontrarse en su le-
cho de muerte, no se han aferrado tanto a los sagrados mandamientos de Dios y al juicio acompañante para todos los
ofensores. No, más bien han abrigado las promesas y revela-
ciones referidas a su gran salvación por medio de Cristo.

> Por lo tanto, ya no hay ninguna condenación para los
> que están unidos a Cristo Jesús ... En efecto, la ley no
> pudo liberarnos porque la naturaleza pecaminosa
> anuló su poder; por eso Dios envió a su propio Hijo en
> condición semejante a nuestra condición de pecado-
> res, para que se ofreciera en sacrificio por el pecado.
>
> Romanos 8:1,3

> Si confesamos nuestros pecados, Dios, que es fiel y
> justo, nos los perdonará y nos limpiará de toda
> maldad.
>
> 1 Juan 1:9

> Al que no trabaja, sino que cree en el que justifica al
> malvado, se le toma en cuenta la fe como justicia.
>
> Romanos 4:5

Estas son las promesas benditas de Dios que, cuando se
confía en ellas, liberan su gracia sobrenatural en y a través
de nosotros.

Escuche lo que dice un hombre que falló a menudo
cuando dependía de su propia fuerza, a pesar de conocer
muy bien los mandamientos de Cristo. Pedro nos comunica
el bendito secreto de que «Dios nos ha entregado sus precio-
sas y magníficas *promesas* para que [nosotros], luego de es-
capar de la corrupción que hay en el mundo debido a los

malos deseos, [lleguemos] a tener parte en la naturaleza divina» (2 Pedro 1:4, énfasis del autor). Son estas las promesas que acercan el corazón a Dios por fe.

En efecto, este es el gran mandamiento del nuevo pacto: ¡creer!

Si no nos alimentamos de las promesas de la Palabra, no se fortalece nuestra fe. No nos será posible seguir adelante y perseverar sin vivir en la Palabra. Nunca ha habido ningún hombre o mujer grande en la fe que no fuera un hombre o una mujer de la Palabra. Mis estantes están cubiertos de tales biografías. Lutero, Wesley, Finney, Spurgeon, Moody; ellos leían la Palabra, la vivían, meditaban en ella y por medio del poder divino de la Palabra operando en su corazón se fortaleció su fe.

Nunca ha habido ningún hombre o mujer grande en la fe que no fuera un hombre o una mujer de la Palabra.

Por supuesto que las palabras que están en la página de por sí no tendrán éxito. Los israelitas que salieron de Egipto se quedaron cortos en lo referente a la promesa de Dios de poseer la tierra nueva por este motivo: «el mensaje que escucharon no les sirvió de nada, porque no se unieron en la fe a los que habían prestado atención a ese mensaje» (Hebreos 4:2). Escucharon con claridad lo que Dios había prometido, pero su corazón no lo recibió con fe.

En la actualidad es posible ganarse la vida como un respetado teólogo y aun así no tener más fe viviente que una babosa. Nosotros, los cristianos, podemos quedar sentados en bancos escuchando la Palabra que se predica cada domingo —e incluso tener una especie de vida devocional durante la semana— sin dejar atrás el cinismo, la depresión y la incredulidad que se han difundido tanto en nuestro país. Por cierto, es posible que conozcamos la Palabra en cierto sentido. Sin embargo, la Palabra debe encontrar en nuestro corazón un ambiente en el cual su poder divino pueda ser liberado.

Ese tipo de fe dinámica prácticamente fluye de las palabras del gran líder israelita, Josué, cerca del final de su vida. Recordará que fue uno de los únicos dos hombres que salieron de Egipto siendo adultos que sí *llegaron a entrar* a la tierra prometida. Preste atención a las instrucciones finales de Josué 23 que revelan la atmósfera de fe: el entorno en el cual florece y crece.

Mire hacia atrás con acción de gracias

JOSUÉ EMPIEZA SU DISCURSO de despedida con la siguiente declaración resonante: «Ustedes han visto todo lo que el SEÑOR su Dios ha hecho con todas aquellas naciones a favor de ustedes, pues él peleó las batallas por ustedes» (Josué 23:3). En otras palabras, miren hacia atrás, compañeros israelitas, y piensen en todo lo que él ha hecho.

¿Qué le parece si ahora mismo recordamos todo lo que Dios ha hecho por *nosotros* solamente durante los últimos doce meses? ¿Cuántos cientos de mañanas se despertó con la fuerza para levantarse y funcionar? Usted no fue quien desarrolló la fuerza; fue un don de Dios. ¿Cuándo fue la última vez que le agradeció a Dios por su agilidad mental, por una memoria funcional o por las destrezas que le permiten tener un trabajo? «Toda buena dádiva y todo don perfecto descienden de lo alto, donde está el Padre» (Santiago 1:17). Con demasiada frecuencia nos olvidamos de esa verdad. ¿Cómo hemos de tener fe para el futuro si no miramos con frecuencia hacia atrás y damos gracias a Dios por todo lo que nos ha dado hasta este momento?

Nos hemos vuelto insensibles a sus muchos beneficios. ¡Más de la mitad de los habitantes de este globo nunca ha tenido la experiencia de hacer una llamada telefónica! Lo que nosotros aceptamos como una conveniencia común y corriente es algo desconocido para gran parte del planeta. Una falta de gratitud es, en efecto, uno de los pecados que nos asedian. En la mayoría de nuestras iglesias no hay un derramamiento de vibrante gratitud y alabanza cada domingo porque estamos demasiado enfrascados en nuestros problemas. Nos especializamos en lo que no tenemos en lugar de «entr[ar] por sus puertas con acción de gracias; ven[ir] a sus atrios con himnos de alabanza» (Salmo 100:4).

Un día en el vestíbulo de nuestra iglesia, una mujer llamada Donna me dijo con gran entusiasmo: «Pastor Cymbala, acabo de conseguir mi primer apartamento de una habitación... ¡mi propia vivienda! ¡Bendito sea el Señor!» Empecé a regocijarme con ella por la simple bendición de tener ahora una habitación dónde vivir. A usted puede resultarle un tanto extraño... pero por otro lado, usted no sabe de dónde venía Donna. Varias semanas antes, la policía había desplegado toda su fuerza afuera de nuestra iglesia porque una «suicida» parecía estar decidida a dar fin a su vida saltando desde la cornisa del edificio contiguo al nuestro.

Fui hasta afuera con los demás integrantes de nuestro personal, y vi a Donna a gran altura. Acababa de salir del consultorio de su terapeuta, en ese edificio, y obviamente no le había dado la respuesta que ella necesitaba. Estaba angustiada y a la vez asustada.

Sentí que Dios me instaba a entrar al edificio y correr escaleras arriba hasta donde los oficiales intentaban convencerla de que se bajara de la cornisa. El terapeuta asustado estaba de pie a poca distancia sin poder hacer nada. Pedí permiso para hablarle, pero los oficiales de policía me advirtieron que si me acercaba no intentara agarrarla, porque podía hacerme caer junto con ella al asfalto.

En unos veinte minutos, Dios me ayudó a hacerla entrar desde la cornisa hasta mis brazos. Un miembro del personal la acompañó en la ambulancia para que le hicieran el examen de rigor en un hospital de la localidad. Más tarde nos enteramos que había estado durmiendo en el sofá de una amiga o bien con un hombre que la sometía a malos tratos. Su vida había sido muy triste, pero pronto aceptó a Cristo como su Salvador. La ayudamos a conseguir algún tipo de alojamiento temporero. Cuando Donna llegó al punto de poder alquilar su propia habitación, créame, ¡ese fue un día ideal para ofrecer a Dios un sacrificio de acción de gracias!

¿Acaso no tiene usted al menos tanto como Donna por lo cual agradecer a Dios? ¡Entonces alábele! Hágale saber desde la profundidad de su corazón cuánto aprecia su bondad. Abra su corazón y su boca. Sea que forme parte de su tradición religiosa o no, la Biblia le dice que exprese la gratitud de su corazón hacia el Señor. Supere su timidez y su formalidad y alabe al Señor. No permita que nadie le cause vergüenza ni le estorbe.

Es lamentable que millones de feligreses gritan con desenfreno y sin vergüenza dando vítores a sus equipos deportivos preferidos, ¡mientras que permanecen silenciosos como muertos cuando se trata de alabar a Dios!

Es lamentable que millones de feligreses gritan con desenfreno y sin vergüenza dando vítores a sus equipos deportivos preferidos, ¡mientras que permanecen silenciosos como muertos cuando se trata de alabar a Dios! Lea la Biblia acerca del nivel de decibeles en el cielo. ¿Cuán cómodo se sentirá usted en medio del sonido producido por santos y ángeles: «El número de ellos era millares de millares y millones de millones. Cantaban *con todas sus fuerzas*: "¡Digno es el Cordero!"» (Apocalipsis 5:11-12, énfasis del autor)? ¿Tiene usted el tipo de corazón adorador y agradecido que querrá unirse a lo que Juan escuchó como «el rumor de una inmensa multitud, como el estruendo de una catarata y como el retumbar de potentes truenos, que exclamaban "¡Aleluya! Ya ha comenzado a reinar el Señor nuestro Dios Todopoderoso"» (Apocalipsis 19:6)? ¡Dios nos ayude a alabarle aun más!

Piense en las muchas veces que nos hemos encontrado en algún tipo de aprieto en la vida y hemos orado con desesperación: «Ah Dios, por favor, si tan solo me ayudas esta vez, te serviré, te agradeceré y te honraré para siempre.» Si esa es su historia, entonces no olvide lo que él ha hecho. Más bien, «ofrezcamos continuamente a Dios, por medio de Jesucristo, un sacrificio de alabanza, es decir, el fruto de los labios que confiesan su nombre» (Hebreos 13:15).

Mire hacia adelante con expectativa

A CONTINUACIÓN JOSUÉ dirige su atención al futuro. Uno pensaría que al finalizar sus años, él se sentiría satisfecho de haber logrado tanto en su vida. Los últimos veintidós capítulos cuentan cómo ha guiado a los israelitas en la conquista de vastas secciones de Canaán. Una ciudad tras otra ya ha caído en manos de sus tropas.

Pero Josué no está satisfecho. Proclama con valor: «El SEÑOR su Dios expulsará a [las naciones cananeas restantes] de estas tierras y ustedes tomarán posesión de ellas, tal como él lo ha prometido» (Josué 23:5). Aún a esta avanzada edad, él sigue invocando las promesas de Dios y declarando con denuedo que «el SEÑOR su Dios» hará la conquista.

Cada uno de nosotros, si es sincero, puede señalar cosas en la vida hoy que todavía no están como Dios quiere que estén. Aún queda bastante «tierra» por conquistar. Él quiere transformarnos para que nos parezcamos más al Salvador. Quiere desarraigar las cosas que estorban y estropean nuestra semejanza a Cristo. Desea usarnos para bendecir y animar a otros de manera que nunca hemos experimentado o siquiera soñado. Quiere destruir los complejos y el temor que nos paralizan. Desea revivir y bendecir las congregaciones de nuestras iglesias locales.

¡Y él mismo *hará* estas cosas si vivimos en esta bendita atmósfera de fe!

Entre las muchas definiciones de fe, quizá ninguna sea tan concisa ni tan importante como la de Hebreos 11:1: «Ahora bien, la fe es la garantía de lo que se espera, la certeza de lo que no se ve.»

Nótese, por favor, que la fe opera con respecto a dos objetos especiales:

cosas futuras («lo que se espera»);

cosas invisibles («lo que no se ve»).

La fe no se trata del presente. No se trata de cosas que usted pudiera captar ahora mismo con una cámara fotográfica. Más bien se trata de cosas del futuro que Dios prometió... y la fe está segura de ellas. La fe produce una convicción de que esas cosas sí sucederán, aun cuando el método científico y nuestros sentidos no puedan en ese momento dar validez a esa certeza.

La fe no se trata del presente. No se trata de cosas que usted pudiera captar ahora mismo con una cámara fotográfica. Más bien se trata de cosas del futuro que Dios prometió.

La fe es la capacidad del espíritu humano de abrirse y recibir impresiones de parte de Dios, nacidas de su Palabra y vivificadas por el Espíritu Santo. Esto produce una convicción sobrenatural de ciertos hechos que no tienen que ver con los sentidos. Hace aproximadamente cien años Andrew Murray lo expresó de esta manera: «Así como tenemos nuestros sentidos, por medio de los cuales nos comunicamos con el universo físico, la fe es de la misma manera el sentido u órgano espiritual mediante el cual el alma se pone en contacto con el mundo espiritual y es afectada por él.»[1] En otras palabras, así como nuestro sentido de la vista o del oído permanece latente hasta que actúa sobre él la luz o el sonido, de la misma manera nuestra capacidad de tener fe permanece latente hasta que nos abrimos a recibir impresiones del eterno e invisible Dios.

Entonces *sabemos* sin lugar a dudas que algo sucederá, porque la Palabra de Dios ha sido recibida y ha activado este sentido espiritual denominado fe. Ahora apoyaríamos esta afirmación con la vida. Si alguien dice: «Muéstreme la prueba», no podemos hacerlo. Pero igualmente sabemos que sí viene la respuesta.

Esto es lo que experimentó Moisés hace miles de años. «Por la fe salió de Egipto sin tenerle miedo a la ira del rey, pues se mantuvo firme *como si estuviera viendo al Invisible*» (Hebreos 11:27, énfasis del autor). ¿Cómo se ve al Invisible? No con los ojos en su cabeza, sino con los ojos más poderosos de fe.

Los sentidos —tacto, gusto, vista, oído, olfato— tienen que ver con las cosas presentes y visibles. No pueden captar nada relacionado con el futuro. Nada tienen que ver con las realidades espirituales. Pero la fe tiene que ver principalmente con estas cosas futuras e invisibles que Dios nos ha prometido en su Palabra. La fe hace que nos resulten más reales que los titulares del periódico de hoy. La fe se trata de esta otra manera de «ver», según resumió el apóstol Pablo en 2 Corintios 4:18: «Así que no nos fijamos en lo visible sino en lo invisible, ya que lo que se ve es pasajero, mientras que lo que no se ve es eterno.»

La fe puede asemejarse de este modo a una radio de transistores. Al encenderla, uno oye la música que fluye de ella. ¿Hay alguna trompeta o alguna guitarra dentro de esa cajita? Por supuesto que no. Aun así, lo cierto es que la habitación se llena de ondas de sonido de la emisora. Los sentidos humanos no las pueden detectar. Pero la radio las puede captar. La música en realidad nada tiene que ver con la radio. La música pasa *a través de* la radio desde una fuente más grande e invisible.

Así sucede con la fe. No se origina dentro de nosotros. Proviene de Dios al recibir nosotros su palabra de vida en nuestro corazón. Luego un tipo de «música» sobrenatural cobra vida dentro de nosotros como producto de esta fe. Una persona llena de fe tiene una perspectiva completamente diferente de las cosas que la persona que meramente vive según los sentidos físicos.

Allá por la época más difícil de Brooklyn Tabernacle cuando Carol y yo acabábamos de venir a la pequeña iglesia y nos esforzábamos por mantenernos a flote con unas cuarenta personas que asistían los domingos por la mañana, nuestra hija Chrissy tenía aproximadamente dos años.

Una mañana al desayunar, notamos un bulto bajo su párpado. Al día siguiente parecía estar más grande. A pesar de
que no hablábamos al respecto, seguía creciendo cada vez
más.

—¿Qué te parece que sea? —preguntó Carol un día con
voz preocupada.

—No lo sé.

—Debiéramos llevarla a un médico —dijo ella. El problema era que no teníamos seguro médico.

Esa noche pasé tiempo orando por el problema, y cuanto más oraba, más amenazante parecía ser. ¿Acaso mi hijita tendría algún tipo de tumor que pudiera quitarle la vista? Le dije a Dios las palabras indicadas, pero sabía que no
había fe en mi corazón. Solo había aprensión.

> *Pero allí parado en la penumbra*
> *mientras sostenía a mi propia hija*
> *y observaba el bulto bajo su párpado,*
> *me invadieron la duda y el temor. Me*
> *hacía falta verdadera fe viviente.*

Logramos reunir el dinero necesario, y la llevamos al
médico. Él confirmó: «Sí, es un tumor» (le dio un nombre
técnico) «que no debiera estar allí. No presenta peligro
para su vida, pero será necesario extirparlo.»

Me atemorizó de inmediato la idea de que mi hijita pri-
mogénita tuviera que tener un bisturí a pocos milímetros
del ojo. Además, ¿cómo podríamos pagar la cirugía?

Esa noche después de que Chrissy se fuera a dormir, re-
gresé a su habitación. La levanté y la sostuve en mis brazos. Oré en voz baja: «Ay Dios, sana a mi hija.»

Otra vez, a pesar de que estaba pronunciando palabras
de oración, lo único que lograba ver era un tumor que ahora
parecía ser del tamaño de una roca. Sabía lo que había dicho Dios en la Biblia con respecto a la sanidad; incluso había predicado acerca de esos textos. Hace mucho tiempo
una dramática sanidad había jugado un papel en la conver-
sión de mi abuela. Pero allí parado en la penumbra mien-

tras sostenía a mi propia hija y observaba el bulto bajo su párpado, me invadieron la duda y el temor. Me hacía falta verdadera fe viviente, no fe teórica.

El domingo siguiente, después del sermón, estábamos cantando y adorando juntos al finalizar el culto. Yo dirigía al pueblo en alabanzas a Dios por su bondad, mientras que Carol tocaba el órgano. Los presentes no estaban pidiendo nada a Dios sino que más bien estaban dedicados a adorarle por lo que él es. De repente, mi corazón se inundó de una especie de luz divina que produjo una nueva sensación de Dios de manera sumamente poderosa en mi alma.

Quedé anonadado ante su asombrosa grandeza, la cual hizo que todo lo de esta tierra se viera tan minúsculo. Luego, de repente (Dios es mi testigo de que no estoy adornando el relato) *vi* que oraban por mi hija al frente de la iglesia. *¡Y vi que fue sanada!* No fue algo emocional ni misterioso; fue un cuadro verdadero y definido frente a los ojos de mi corazón. Dios había hecho nacer algo en mí.

Mi corazón latía de gozo al tomar el micrófono. «¿Quién tiene a mi hija?», pregunté. (Nuestra iglesia era muy pequeña en aquel entonces para tener una clase cuna organizada.)

Se levantó la mano de una adolescente en el fondo.

«Tráigala rápidamente al frente», dije yo. Nos reunimos a su alrededor y la ungimos con aceite, mientras juntos pedíamos a Dios que la sanara.

En menos de cuarenta y ocho horas, el tumor había desaparecido por completo. Sin cirugía, sin médico, sin intervención médica de ningún tipo. El Dios que anhela hacer cosas grandes para su pueblo nos estaba alentando una vez más a creer.

Ahora bien, ¿qué sucedería en su iglesia o la mía si las personas se presentaran a cada reunión con una fe mayor, un espíritu de expectativa, creyendo que Dios está a punto de hacer algo maravilloso? Esta era la misma expectativa que recibía a Jesús en muchos lugares. Las personas luchaban por solo llegar a tocarlo, porque *sabían* que algo maravilloso sucedería. ¿Qué pasaría si rindiéramos nues-

tro corazón tanto a su Palabra como a su Espíritu en lugar
de repetir en forma mecánica el mismo orden de culto que
hemos estado siguiendo durante los últimos veinte años?
Algo me dice que nada volvería a ser igual.

Lamentablemente, he aprendido por mi propia experiencia que muchos de los cristianos que golpean la Biblia
con mayor fuerza y defienden con mayor intensidad la inspiración verbal de las Escrituras son los más incrédulos y
cínicos en cuanto a creer que Dios alguna vez pueda hacer
algo nuevo en su iglesia. Parecen estar tan abocados a pre-
servar la tradición que cualquier acto de espontaneidad se
desdeña calificándolo de «emocional». Mi pregunta es: Si
Jesús es el mismo hoy que el que se encuentra en la Biblia
que defendemos, ¿por qué no hemos de creer que él puede
hacer cosas grandes entre nosotros y a través de nosotros,
de manera que podamos tocar las vidas de las personas con
poder como hicieron los apóstoles del primer siglo? Pedro
no fue ningún santo perfecto, según se evidencia en su negación de Cristo; muchas iglesias de hoy casi no podrían
permitir que alguien que haya fracasado tan recientemente ocupe sus púlpitos. Pero el día de Pentecostés Dios lo escogió y lo usó de manera poderosa, y puede hacer lo mismo
con nosotros si en nuestro corazón miramos hacia él con la
fe de un niño.

---

*Muchos cristianos que golpean la Biblia
con mayor fuerza son los más incrédulos
y cínicos en cuanto a creer
que Dios alguna vez pueda
hacer algo nuevo en su iglesia.*

Mi amigo David Wilkerson predicó un gran sermón titulado «Dios solo usa fracasos» hace más de veinticinco
años, antes de que lo conociera personalmente. Por supuesto, es verdad; ¿con qué otra cosa podría trabajar Dios? Pero
si nos atrevemos a creerle, podemos convertirnos en ins-
trumentos valiosos en su mano.

Mire hacia dentro... pero con cuidado

A CONTINUACIÓN JOSUÉ llama a las personas a hacer un balance de su obediencia ante lo que el Señor había exigido de ellos:

> Esfuércense por cumplir todo lo que está escrito en el libro de la ley de Moisés. No se aparten de esa ley para nada. No se mezclen con las naciones que aún quedan entre ustedes. No rindan culto a sus dioses ni juren por ellos. Permanezcan fieles a Dios, como lo han hecho hasta ahora.
>
> Josué 23:6–8

Esta separación de las cosas impías tenía el propósito de mantener su fuerza para la batalla. La alianza con cosas pecaminosas, aunque a menudo sean solo prácticas cuestionables, nos roba la energía dejándonos débiles ante el enemigo. Si hay conversaciones que no convienen, alguna relación inapropiada o una fascinación con un tema o alguna cosa cuestionable, en forma lenta pero segura se va reduciendo nuestra vitalidad espiritual. El enemigo de modo sutil ha robado nuestro «escudo de la fe» tan necesario para protegernos en «el día malo» (Efesios 6:13,16).

Josué conocía todo esto muy bien por lo que había sucedido en Hai (véase Josué 7). Después de la conmovedora victoria obtenida en Jericó, la desobediencia de un soldado llamado Acán había obstruido el plan de guerra de los israelitas. Sufrieron una inesperada y humillante derrota, no porque Dios había perdido su poder, sino porque algo los había separado de su santo compañerismo. Josué tuvo que detener todo y desarraigar el pecado antes de que la campaña militar diera un paso más.

El apóstol Juan escribió: «No amen al mundo ni nada de lo que hay en él. Si alguien ama al mundo, no tiene el amor del Padre. Porque nada de lo que hay en el mundo —los malos deseos del cuerpo, la codicia de los ojos y la arrogancia de la vida— proviene del Padre sino del mundo»

(1 Juan 2:15-16). El amor por el mundo y la obsesión por su sistema enfermo de valores y sus atractivos destruirán la vida de fe de cualquiera.

La introspección, por supuesto, es una espada de doble filo. Si dedicamos mucho tiempo solo a mirar hacia dentro, es fácil que nos volvamos taciturnos y deprimidos en el ámbito espiritual. Existen momentos especiales para centrar nuestra atención en estas cosas; por ejemplo, al tomar la Santa Cena (véase 1 Corintios 11:28–32) y otros momentos en que Dios escudriña nuestro interior. Pero si este proceso nos consume de manera exclusiva, Satanás fácilmente toma ventaja como nuestro acusador, haciendo que nos concentremos en *nuestros* fracasos y no en el perdón y el poder de Cristo.

Me resulta interesante que las «asambleas solemnes», durante las cuales los líderes del Antiguo Testamento dedicaban dos días enteros a la confesión, el arrepentimiento y el llanto, no se encuentran en el Nuevo Testamento. Sí, los apóstoles creían que se debía poner la vida en orden con Dios, que se debía tratar con el pecado, pero no estar postrado en este asunto durante largos períodos. Al parecer llamaban más bien a las personas a limpiar sus corazones delante de Dios y luego seguir adelante hacia la fe y la plenitud del Espíritu Santo. Al fin y al cabo, Jesús dejó una Gran Comisión de trabajo que debía llevar a cabo la iglesia. ¿Cómo se puede cumplir eso si estamos constantemente dedicados a la introspección observando nuestras faltas y defectos?

Mire hacia fuera a Jesús

LA INSTRUCCIÓN FINAL de Josué se declara de manera muy sencilla: «Hagan, pues, todo lo que está de su parte para amar al SEÑOR su Dios» (Josué 23:11). Nuestra mirada debe estar siempre puesta en él, porque él es quien hará todas las cosas. Solo cuando «[fijamos] la mirada en Jesús, el iniciador y perfeccionador de nuestra fe» (Hebreos 12:2), estamos andando verdaderamente en fe.

Satanás siempre quiere que centremos nuestra atención en el problema, no en el Proveedor. Constantemente nos señala lo que *parece* ser en lugar de lo que Dios ha prometido hacer. Si dejamos de pasar tiempo con el Señor en oración y de fijar nuestra mirada en él, las cosas del mundo físico captan nuestra atención y nos dominan, mientras que los sentidos espirituales se van adormeciendo y se desvanecen las promesas.

Tengo la convicción absoluta de que la razón principal por la que los cristianos de hoy no oramos más es porque no entendemos la conexión que existe entre la oración y las promesas de Dios. Estamos intentando como individuos y como iglesias orar porque «se supone que lo debemos hacer» sin contar con una fe viva en las promesas de Dios con respecto a la oración. No es posible mantener una vida de oración significativa con este enfoque de «hacer lo que se debe». En el fondo es necesario que haya fe en Dios.

La razón principal por la que los cristianos de hoy no oramos más es porque no entendemos la conexión que existe entre la oración y las promesas de Dios.

Vez tras vez recibo llamadas y cartas de creyentes hambrientos por toda la nación donde me dicen: «Pastor Cymbala, estoy muy frustrado. Ya he asistido a dieciséis iglesias en mi zona, ¡y no puedo encontrar una que tenga una reunión de oración!» Es obvio que si bien los pastores y líderes aceptan mentalmente la enseñanza de la Biblia con respecto a la oración, en realidad no ven su poder potencial por medio de Dios. En caso contrario, estarían guiando a sus congregaciones a orar y se dejarían de solo predicar sermones sobre el tema.

Cuando surge la verdadera fe en Dios, aparece una certeza de que cuando llamemos, él responderá... cuando pidamos, recibiremos... cuando golpeemos, la puerta nos será abierta... y pronto descubrimos que estamos pasando mucho tiempo en su presencia. Estaremos buscándolo para que hijos rebeldes sean salvos, para que haya un mayor sentir del Espíritu Santo en nuestros cultos, para que sean liberados los dones espirituales y el poder, para las finanzas que necesitamos para llevar a cabo su obra.

Pero me estoy refiriendo no solo a presentar una larga lista de pedidos ante Dios. La fe se va nutriendo de forma especial cuando sencillamente esperamos en la presencia de Dios, dedicando el tiempo necesario a amarlo y prestar atención a su voz. La fuerza que necesitamos para seguir creyendo a menudo fluye hacia nosotros cuando sencillamente adoramos al Señor. Las promesas de las Escrituras cobran maravillosa vida cuando el Espíritu las aplica a nuestro corazón.

La fe se va nutriendo de forma especial cuando sencillamente esperamos en la presencia de Dios, dedicando el tiempo necesario a amarlo y prestar atención a su voz.

Cuando las personas entran a mi oficina sobrecargadas de problemas, sin saber a dónde recurrir, a veces les digo:

—Esto es lo que quiero que haga: Vaya y siéntese con nuestra Banda de oración en su cuarto especial el viernes por la noche entre la medianoche y las dos de la madrugada.

A menudo reaccionan con una mirada de asombro.

—Pero, Pastor Cymbala, estoy tan desanimado que hasta se me hace difícil creer que el sol salga mañana. ¡Nunca me sería posible orar por espacio de dos horas!

—Yo no le pedí que orara —respondo yo—. Solo le pedí que fuera y se sentara allí. La Banda de oración orará por usted. Y Dios obrará en su corazón mientras usted solo permanece sentado allí esperando en su presencia.

Son muchísimas las veces que luego me han contado que mientras estaban sentados allí en ese ambiente, Dios hizo que su Palabra y sus promesas cobraran vida, y les levantó el ánimo a fin de que creyeran. Empieza a fluir acción de gracias. Empiezan a recordar las cosas buenas que Dios ha hecho en su pasado. Empieza a surgir una fe viva mientras esperan en el que con tanta facilidad puede dar vuelta a todas las cosas en nuestra vida.

Dios lo espera

¿CUÁL ES LA DIFICULTAD que ahora enfrenta en su vida que no ha podido vencer? ¿Me pregunto qué espera Dios lograr en su vida, su hogar, su trabajo, su servicio para él? ¿Por qué usted y yo no nos enfrentamos a nuestra necesidad en el nombre de Jesús y acudimos a él por fe?

No seamos vacilantes ni inseguros para confiar en él después de haber leído todas estas maravillosas historias y palabras de aliento. Más bien «acerquémonos, pues, a Dios con corazón sincero y *con la plena seguridad que da la fe*, interiormente purificados de una conciencia culpable y exteriormente lavados con agua pura. Mantengamos firme la esperanza que profesamos, porque *fiel es el que hizo la promesa*» (Hebreos 10:22-23, énfasis del autor). En última instancia, eso es lo único que importa de verdad, no nuestros esfuerzos ni nuestras promesas, no lo que parece estar sucediendo a nuestro alrededor, sino la maravillosa verdad de que Dios es fiel.

Ahora bien, ¿qué haremos todos nosotros? Quedaremos sencillamente conmovidos durante un momento, o nos aferraremos a Dios y a sus promesas de un modo nuevo que cambia la vida? Al fin y al cabo, no es lo que sucede exteriormente a las personas lo que produce tragedia en sus vidas; sino más bien todas las oportunidades que se han perdido de ver la ayuda de Dios para con ellos, debido a su incredulidad. Esa es la verdadera tragedia.

Dios no será diferente mañana de lo que es hoy. Su amor por nosotros permanece igual. Su poder para suplir nuestras necesidades, pase lo que pase, nunca cambia. Ahora mismo su mano se extiende mientras dice: «¿Por qué gastan dinero en lo que no es pan, y su salario en lo que no satisface?» (Isaías 55:2). Dejémonos de buscar en vano respuestas fuera de Dios. Más bien levantémonos con esperanza en el corazón, recordando que su poderosa «palabra de fe» no está lejos ni es difícil, sino que «está cerca de [usted]; la [tiene] en la boca y en el corazón» (Romanos 10:8). Esta es la fe que no solo nos salva del pecado sino que puede también mantenernos victoriosos sobre cada obstáculo que la vida nos presente. «Así dice la Escritura: "Todo el que confíe en él no será jamás defraudado"» (Romanos 10:11).

Josué debe haber tenido en mente la fidelidad de Dios cuando acabó su discurso ese día con este gran punto culminante: «Por mi parte, yo estoy a punto de ir por el camino que todo mortal transita. Ustedes bien saben que ninguna de las buenas promesas del SEÑOR su Dios ha dejado de cumplirse al pie de la letra. Todas se han hecho realidad, pues él no ha faltado a ninguna de ellas» (Josué 23:14). Nosotros también podemos acabar nuestra carrera en la vida con la misma declaración poderosa, si tan solo seguimos creyendo en el Dios cuyas promesas son eternamente verdaderas.

Epílogo
Treinta y tres tesoros

MÁS VALIOSO que cualquier cosa que pudiera llegar a escribir o predicar sobre el tema de la fe son las declaraciones directas y las promesas de la Palabra de Dios. He aquí joyas de la Biblia que a través de los años me han inspirado a creer. También han constituido la base para muchos sermones.

Al leer estas declaraciones, permita que penetren su mente y su espíritu. Abra su Biblia y lea los pasajes completos en los cuales se encuentran insertadas. Repáselas con frecuencia al procurar fortalecer su propio andar de fe.

Así que la fe es por el oír,
y el oír, por la palabra de Dios.

Romanos 10:17, Reina Valera 1960

Lo que vale es la fe que actúa mediante el amor.

Gálatas 5:6b

Todo el que ha nacido de Dios vence al mundo.
Esta es la victoria que vence al mundo: nuestra fe.

1 Juan 5:4

—¿Qué tenemos que hacer para realizar las obras
que Dios exige? —le preguntaron.
—Esta es la obra de Dios: que crean en aquel a quien
él envió —les respondió Jesús.

Juan 6:28-29

Es mejor refugiarse en el SEÑOR que confiar en el
hombre.

Salmo 118:8

La fe es la garantía de lo que se espera,
la certeza de lo que no se ve.
Gracias a ella fueron aprobados los antiguos.

Hebreos 11:1-2

Sin fe es imposible agradar a Dios, ya que cualquiera
que se acerca a Dios tiene que creer que él existe y que
recompensa a quienes lo buscan.

Hebreos 11:6

Los apóstoles le dijeron al Señor:
—¡Aumenta nuestra fe!

Lucas 17:5

No sean perezosos; más bien, imiten a quienes por su
fe y paciencia heredan las promesas.

Hebreos 6:12

Si a alguno de ustedes le falta sabiduría, pídasela a
Dios, y él se la dará, pues Dios da a todos
generosamente sin menospreciar a nadie. Pero que
pida con fe, sin dudar, porque quien duda es como
las olas del mar, agitadas y llevadas de un lado a
otro por el viento.

Santiago 1:5-6

Confía en el SEÑOR y haz el bien;
establécete en la tierra y manténte fiel...
Encomienda al SEÑOR tu camino;
confía en él, y él actuará...
Guarda silencio ante el SEÑOR,
y espera en él con paciencia;
no te irrites ante el éxito de otros,
de los que maquinan planes malvados.

Salmo 37:3,5,7

Encomienda al SEÑOR tus afanes,
y él te sostendrá;
no permitirá que el justo caiga.

Salmo 55:22

Confía siempre en él, pueblo mío;
ábrele tu corazón cuando estés ante él.
¡Dios es nuestro refugio! Selah

Salmo 62:8

Pero ahora, así dice el SEÑOR,
el que te creó, Jacob,
el que te formó, Israel:
«No temas, que yo te he redimido;
te he llamado por tu nombre; tú eres mío.
Cuando cruces las aguas,
yo estaré contigo;
cuando cruces los ríos,
no te cubrirán sus aguas;
cuando camines por el fuego,
no te quemarás ni te abrasarán las llamas.»

Isaías 43:1-2

Porque yo soy el SEÑOR, tu Dios,
que sostiene tu mano derecha;
yo soy quien te dice:
«No temas, yo te ayudaré.»

Isaías 41:13

*Confía en el SEÑOR de todo corazón,
y no en tu propia inteligencia.*

Proverbios 3:5

*¿Quién entre ustedes teme al SEÑOR
y obedece la voz de su siervo?
Aunque camine en la oscuridad,
y sin un rayo de luz,
que confíe en el nombre del SEÑOR
y dependa de su Dios.*

Isaías 50:10

*Mis ojos están puestos siempre en el SEÑOR,
pues solo él puede sacarme de la trampa.*

Salmo 25:15

*Mas a cuantos lo recibieron, a los que creen en su
nombre, les dio el derecho de ser hijos de Dios.*

Juan 1:12

*De aquel que cree en mí, como dice la Escritura,
brotarán ríos de agua viva.*

Juan 7:38

*Sin hacer distinción alguna entre nosotros y ellos,
purificó sus corazones por la fe.*

Hechos 15:9

*Entonces, ¿qué diremos en el caso de nuestro
antepasado Abraham? En realidad, si Abraham
hubiera sido justificado por las obras, habría tenido
de qué jactarse, pero no delante de Dios. Pues ¿qué
dice la Escritura? «Le creyó Abraham a Dios, y esto
se le tomó en cuenta como justicia.»*

*Ahora bien, cuando alguien trabaja, no se le toma en
cuenta el salario como un favor sino como una
deuda. Sin embargo, al que no trabaja, sino que cree
en el que justifica al malvado, se le toma en cuenta la
fe como justicia.*

Romanos 4:1–5

*Contra toda esperanza, Abraham creyó y esperó, y de
este modo llegó a ser padre de muchas naciones, tal
como se le había dicho: «¡Así de numerosa será tu
descendencia!»*

Romanos 4:18

*Cristo es el fin de la ley, para que todo el que cree
reciba la justicia.*

Romanos 10:4

*Ellas fueron desgajadas por su falta de fe, y tú por la
fe te mantienes firme. Así que no seas arrogante sino
temeroso.*

Romanos 11:20

*Para que la fe de ustedes no dependiera de la
sabiduría humana sino del poder de Dios.*

1 Corintios 2:5

*Así dice la Escritura:
«Miren que pongo en Sión
una piedra principal escogida y preciosa,
y el que confíe en ella
no será jamás defraudado.»*

1 Pedro 2:6

*No es que intentemos imponerles la fe, sino que
deseamos contribuir a la alegría de ustedes,
pues por la fe se mantienen firmes.*

2 Corintios 1:24

*Además de todo esto, tomen el escudo de la fe,
con el cual pueden apagar todas las flechas
encendidas del maligno.*

Efesios 6:16

Acerquémonos, pues, a Dios con corazón sincero
y con la plena seguridad que da la fe,
interiormente purificados de una conciencia culpable
y exteriormente lavados con agua pura.

Hebreos 10:22

«Pero mi justo vivirá por la fe.
Y si se vuelve atrás,
no será de mi agrado.»
Pero nosotros no somos de los que se vuelven atrás
y acaban por perderse,
sino de los que tienen fe
y preservan su vida.

Hebreos 10:38-39

Cuando entró en la casa, se le acercaron los ciegos, y
él les preguntó:
—¿Creen que puedo sanarlos?
—Sí, Señor —le respondieron.

Mateo 9:28

—¡Sí creo! —exclamó de inmediato el padre del
muchacho—. ¡Ayúdame en mi poca fe!

Marcos 9:24

Notas

Capítulo 5:
¿Puedo confiar en que Dios me guiará?

1. *The Works of John Wesley* [Las obras de Juan Wesley], CD, Providence House, Franklin, TN, 1995; véase también «The Character of a Methodist» [El carácter de un metodista], *The Works of John Wesley*, tercera edición, vol. 8, Wesleyan Methodist Book Room, London, 1872; reimpreso por Baker, Grand Rapids, MI, 1996, p. 339.

2. Sermón titulado «The Eternal Name» [El nombre eterno], predicado la noche del 27 de mayo de 1855 en Exeter Hall.

Capítulo 7:
La fe tiene un horario diferente

1. Tim Pedigo, «Keep Believing» [Siga creyendo], Meadowgreen Music © 1985, Nashville.

Capítulo 8:
Cómo vencer el desaliento

1. Se cita en *Words Old and New* [Palabras antiguas y nuevas], recopilado por Horatius Bonar, Banner of Truth Trust, Edimburgo, 1994, pp. 16-17.

Capítulo 13:
La atmósfera de fe

1. Andrew Murray, *The Holiest of All* [El más santo de todos], 1894; reimpreso por Revell, Grand Rapids, MI, 1993, pp. 441-442.

Nos agradaría recibir noticias suyas.
Por favor, envíe sus comentarios sobre este libro
a la dirección que aparece a continuación.
Muchas gracias.

Editorial Vida
Vida@zondervan.com
www.editorialvida.com